Contents

Prólogo 5

Libro Primero

Declaración 7
Capítulo **1** 8
Capítulo **2** 9
Capítulo **3** 12
Capítulo **4** 14
Capítulo **5** 17
Capítulo **6** 18
Capítulo **7** 20
Capítulo **8** 22
Capítulo **9** 24
Capítulo **10** 27
Capítulo **11** 29
Capítulo **12** 31
Capítulo **13** 34
Capítulo **14** 37

Libro Segundo

Capítulo **1** 39
Capítulo **2** 41
Capítulo **3** 43
Capítulo **4** 44
Capítulo **5** 45
Capítulo **6** 47
Capítulo **7** 49
Capítulo **8** 52
Capítulo **9** 54
Capítulo **10** 58

Capítulo **11**	**61**
Capítulo **12**	**63**
Capítulo **13**	**65**
Capítulo **14**	**69**
Capítulo **15**	**70**
Declaración	**70**
Capítulo **16**	**71**
Capítulo **17**	**75**
Capítulo **18**	**78**
Capítulo **19**	**80**
Capítulo **20**	**83**
Capítulo **21**	**85**
Capítulo **22**	**88**
Capítulo **23**	**89**
Capítulo **24**	**93**
Capítulo **25**	**94**

LA NOCHE SCURA DEL ALMA

SAN JUAN DE LA CRUZ

Publicado por

GOLDEN BOOKMARK PUBLISHING

Correo electrónico: goldenbookmarkpublishing@gmail.com

Para obtener más detalles o consultas, comuníquese con el editor al correo electrónico anterior.

Publicado por primera vez por GOLDEN BOOKMARK PUBLISHING en 2025

Golden Bookmark

DECLARACIÓN DE LAS CANCIONES DEL MODO QUE TIENE EL ALMA EN EL CAMINO ESPIRITUAL PARA LLEGAR A LA PERFECTA UNIÓN DE AMOR CON DIOS, CUAL SE PUEDE EN ESTA VIDA. DÍCESE TAMBIÉN LAS PROPIEDADES QUE TIENE EL QUE HA LLEGADO A LA DICHA PERFECCIÓN, SEGUN EN LAS CANCIONES SE CONTIENE.

PRÓLOGO

En este libro se ponen primero todas las canciones que se han de declarar. Después se declara cada canción de por sí, poniendo cada una de ellas antes de su declaración, y luego se va declarando cada verso de por sí, poniéndole también al principio.

En las dos primeras canciones se declaran los efectos de las dos purgaciones espirituales de la parte sensitiva del hombre y de la espiritual. En las otras seis se declaran varios y admirables efectos de la iluminación espiritual y unión de amor con Dios.

Canciones del Alma

1. En una noche oscura,
con ansias, en amores inflamada,
¡oh dichosa ventura!,
salí sin ser notada
estando ya mi casa sosegada.

2. A oscuras y segura,
por la secreta escala, disfrazada,
¡oh dichosa ventura!,
a oscuras y en celada,
estando ya mi casa sosegada.

3. En la noche dichosa,
en secreto, que nadie me veía,
ni yo miraba cosa,
sin otra luz y guía
sino la que en el corazón ardía.

4. Aquésta me guiaba
más cierto que la luz de mediodía,
adonde me esperaba
quien yo bien me sabía,
en parte donde nadie parecía.

5. ¡Oh noche que guiaste!
¡oh noche amable más que el alborada!
¡oh noche que juntaste
Amado con amada,
amada en el Amado transformada!

6. En mi pecho florido,
que entero para él solo se guardaba,
allí quedó dormido,
y yo le regalaba,
y el ventalle de cedros aire daba.

7. El aire de la almena,
cuando yo sus cabellos esparcía,
con su mano serena
en mi cuello hería
y todos mis sentidos suspendía.

8. Quedéme y olvidéme,
el rostro recliné sobre el Amado,
cesó todo y dejéme,
dejando mi cuidado
entre las azucenas olvidado.

LIBRO PRIMERO

Comienza la declaración de las canciones que tratan del modo y manera que tiene el alma en el camino de la unión del amor con Dios, por el padre fray Juan de la Cruz.

Antes que entremos en la declaración de estas canciones, conviene saber aquí que el alma las dice estando ya en la perfección, que es la unión de amor con Dios, habiendo ya pasado por los estrechos trabajos y aprietos, mediante el ejercicio espiritual del camino estrecho de la vida eterna que dice nuestro Salvador en el Evangelio (Mt. **7**, **74**), por el cual camino ordinariamente pasa para llegar a esta alta y dichosa unión con Dios. El cual por ser tan estrecho y por ser tan pocos los que entran por él, como también dice el mismo Señor (Mt. **7**, **14**), tiene el alma por gran dicha y ventura haber pasado por él a la dicha perfección de amor, como ella lo canta en esta primera canción, llamando noche oscura con harta propiedad a este camino estrecho, como se declarará adelante en los versos de la dicha canción.

Dice, pues, el alma, gozosa de haber pasado por este angosto camino de donde tanto bien se le siguió, en esta manera:

En que se trata de la noche del sentido.

CANCIÓN **1ª**

En una noche oscura,

con ansias, en amores inflamada,

¡oh dichosa ventura!,

salí sin ser notada

estando ya mi casa sosegada.

DECLARACIÓN

1. Cuenta el alma en esta primera canción el modo y manera que tuvo en salir, según la afición, de sí y de todas las cosas, muriendo por verdadera mortificación a todas ellas y a sí misma, para venir a vivir vida de amor dulce y sabrosa con Dios. Y dice que este salir de sí y de todas las cosas fue una noche oscura, que aquí entiende por la contemplación purgativa, como después se dirá, la cual pasivamente causa en el alma la dicha negación de sí misma y de todas las cosas.

2. Y esta salida dice ella aquí que pudo hacer con la fuerza y calor que para ello le dio el amor de su Esposo en la dicha contemplación oscura. En lo cual encarece la buena dicha que tuvo en caminar a Dios por esta noche con tan próspero suceso que ninguno de los tres enemigos, que son mundo, demonio y carne, que son los que siempre contrarían este camino, se lo pudiese impedir; por cuanto la dicha noche de contemplación purificativa hizo adormecer y amortiguar en la casa de su sensualidad todas las pasiones y apetitos según sus apetitos y movimientos contrarios. Dice, pues, el verso:

En una noche oscura.

CAPÍTULO 1

Pone el primer verso y comienza a tratar de las imperfecciones de los principiantes.

1. En esta noche oscura comienzan a entrar las almas cuando Dios las va sacando de estado de principiantes, que es de los que meditan en el camino espiritual, y las comienza a poner en el de los aprovechantes, que es ya el de los contemplativos, para que, pasando por aquí, lleguen al estado de los perfectos, que es el de la divina unión del alma con Dios. Por tanto, para entender y declarar mejor qué noche sea ésta por que el alma pasa, y por qué causa la pone Dios en ella, primero convendrá tocar aquí algunas propiedades de los principiantes. Lo cual, aunque será con la brevedad que pudiere, no dejará también de servir a los mismos principiantes, para que, entendiendo la flaqueza del estado que llevan, se animen y deseen que los ponga Dios en esta noche, donde se fortalece y confirma el alma en las virtudes y para los inestimables deleites del amor de Dios. Y, aunque nos detengamos un poco, no será más de lo que basta para tratar luego de esta noche oscura.

2. Es, pues, de saber que el alma, después que determinadamente se convierte a servir a Dios, ordinariamente la va Dios criando en espíritu y regalando, al modo que la amorosa madre hace al niño tierno, al cual al calor de sus pechos le calienta, y con leche sabrosa y manjar blando y dulce le cría, y en sus brazos le trae y le regala. Pero, a la medida que va creciendo, le va la madre quitando el regalo y, escondiendo el tierno amor, pone el amargo acíbar en el dulce pecho, y, abajándole de los brazos, le hace andar por su pie, porque, perdiendo las propiedades de niño, se dé a cosas más grandes y sustanciales. La amorosa madre de la gracia de Dios, luego que por nuevo calor y hervor de servir a Dios reengendra al alma, eso mismo hace con ella; porque la hace hallar dulce y sabrosa la leche espiritual sin algún trabajo suyo en todas las cosas de Dios, y en los ejercicios espirituales gran gusto, porque le da Dios aquí su pecho de amor tierno, bien así como a niño tierno (**1** Pe. **2**, **2-3**).

3. Por tanto, su deleite halla pasarse grandes ratos en oración, y por ventura las noches enteras; sus gustos son las penitencias, sus contentos los ayunos, y sus consuelos usar de los sacramentos y comunicar en las cosas divinas; las cuales cosas, aunque con grande eficacia y porfía asisten a ellas y las usan y tratan con grande cuidado los espirituales, hablando espiritualmente, comúnmente se han muy flaca e imperfectamente en ellas. Porque, como son movidos a estas cosas y ejercicios espirituales por el consuelo y gusto que allí hallan, y, como también ellos no están habilitados por ejercicios de fuerte lucha en las virtudes, acerca de estas sus obras espirituales tienen muchas faltas e imperfecciones; porque, al fin, cada uno obra conforme al hábito de perfección que tiene; y, como éstos no han tenido lugar de adquirir los hábitos fuertes, de necesidad han de obrar como flacos niños, flacamente.

Lo cual para que más claramente se vea, y cuán faltos van estos principiantes en las virtudes acerca de lo que con el dicho gusto con facilidad obran, irémoslo notando por los siete vicios capitales, diciendo algunas de las muchas imperfecciones que en cada uno de ellos tienen, en que se verá claro cuán de niños es el obrar que éstos obran; y veráse también cuántos bienes trae consigo la noche oscura de que luego habemos de tratar, pues de todas estas imperfecciones limpia al alma y la purifica.

CAPÍTULO 2

De algunas imperfecciones espirituales que tienen los principiantes acerca del hábito de la soberbia.

1. Como estos principiantes se sienten tan fervorosos y diligentes en las cosas espirituales y ejercicios devotos, de esta propiedad (aunque es verdad que las cosas santas de suyo humillan) por su imperfección les nace muchas veces cierto ramo de soberbia oculta, de donde vienen a tener alguna satisfacción de sus obras y de sí mismos. Y de aquí también les nace cierta gana algo vana, y a veces muy vana, de hablar cosas espirituales delante de otros, y aun a veces de enseñarlas más que de aprenderlas, y condenan en su corazón a otros cuando no los ven con la manera de devoción que ellos querrían, y aun a veces lo dicen de palabra, pareciéndose en esto al fariseo, que se jactaba alabando a Dios sobre las obras que hacía, y despreciando al publicano (Lc. **18**, **11**-**12**).

2. A estos muchas veces los acrecienta el demonio el fervor y gana de hacer más estas y otras obras porque les vaya creciendo la soberbia y presunción. Porque sabe muy bien el demonio que todas estas obras y virtudes que obran, no solamente no les valen nada, mas antes se les vuelven en vicio. Y a tanto mal suelen llegar algunos de éstos, que no querrían que pareciese bueno otro sino ellos; y así, con la obra y palabra, cuando se ofrece, les condenan y detraen, mirando la motica en el ojo de su hermano, y no considerando la viga que está en el suyo (Mt.**7**,**37**); cuelan el mosquito ajeno y tráganse su camello (Mt. **23**, **24**).

3. A veces también, cuando sus maestros espirituales, como son confesores y prelados, no les aprueban su espíritu y modo de proceder (porque tienen gana que estimen y alaben sus cosas), juzgan que no los entienden el espíritu, o que ellos no son espirituales, pues no aprueban aquello y condescienden con ello. Y así, luego desean y procuran tratar con otro que cuadre con su gusto; porque ordinariamente desean tratar su espíritu con aquellos que entienden que han de alabar y estimar sus cosas, y huyen, como de la muerte, de aquellos que se los deshacen para ponerlos en camino seguro, y aun a veces toman ojeriza con ellos.

Presumiendo, suelen proponer mucho y hacen muy poco. Tienen algunas veces gana de que los otros entiendan su espíritu y su devoción, y para esto a veces hacen muestras exteriores de movimientos, suspiros y otras ceremonias; y, a veces, algunos arrobamientos, en público más que en secreto, a los cuales les ayuda el demonio, y tienen complacencia en que les entiendan aquello, y muchas veces codicia.

4. Muchos quieren preceder y privar con los confesores, y de aquí les nacen mil envidias y desquietudes. Tienen empacho de decir sus pecados desnudos porque no los tengan sus confesores en menos, y vanlos coloreando porque no parezcan tan malos, lo cual más es irse a excusar que a acusar. Y a veces buscan otro confesor para decir lo malo porque el otro no piense que tienen nada malo, sino bueno; y así, siempre gustan de decirle lo bueno, y a veces por términos que parezca antes más de lo que es que menos, con gana de que le parezca bueno, como quiera que fuera más humildad, como lo diremos, deshacerlo y tener gana que ni él ni nadie lo tuviesen en algo.

5. También algunos de éstos tienen en poco sus faltas, y otras veces se entristecen demasiado de verse caer en ellas, pensando que ya habían de ser santos, y se enojan contra sí mismos con impaciencia, lo cual es otra imperfección. Tienen muchas veces grandes ansias con Dios porque les quite sus imperfecciones y faltas, más por verse sin la molestia de ellas en paz que por Dios; no mirando que, si se las quitase, por ventura se harían más soberbios y presuntuosos. Son enemigos de alabar a otros y amigos que los alaben, y a veces lo pretenden; en lo cual son semejantes a las vírgenes locas, que, teniendo sus lámparas muertas, buscaban óleo por de fuera (Mt. **25**, **8**).

6. De estas imperfecciones algunos llegan a tener muchas muy intensamente, y a mucho mal en ellas; pero algunos tienen menos, algunos más, y algunos solos primeros movimientos o poco más; y apenas hay algunos de estos principiantes que al tiempo de estos fervores no caigan en algo de esto.

Pero los que en este tiempo van en perfección, muy de otra manera proceden y con muy diferente temple de espíritu; porque se aprovechan y edifican mucho con la humildad, no sólo teniendo sus propias cosas en nada, mas con muy poca satisfacción de sí; a todos los demás tienen por muy mejores, y les suelen tener una santa envidia, con gana de servir a Dios como ellos; porque, cuanto más fervor llevan y cuantas más obras hacen y gusto tienen en ellas, como van en humildad, tanto más conocen lo mucho que Dios merece y lo poco que es todo cuanto hacen por él; y así, cuanto más hacen, tanto menos se satisfacen. Que tanto es lo que de caridad y amor querrían hacer por él, que todo lo que hacen no les parezca nada; y tanto les solicita, ocupa y embebe este cuidado de amor, que nunca advierten en si los demás hacen o no hacen; y si advierten, todo es, como digo, creyendo que todos los demás son muy mejores que ellos. De donde, teniéndose en poco, tienen gana también que los demás los tengan en poco y que los deshagan y desestimen sus cosas. Y tienen más, que, aunque se los quieran alabar y estimar, en ninguna manera lo pueden creer, y les parece cosa extraña decir de ellos aquellos bienes.

7. Estos, con mucha tranquilidad y humildad, tienen gran deseo que les enseñe cualquiera que los pueda aprovechar; harta contraria cosa de la que tienen los que habemos dicho arriba, que lo querrían ellos enseñar todo, y aun cuando parece les enseñan algo, ellos mismos toman la palabra de la boca como que ya se lo saben. Pero éstos, estando muy lejos de querer ser maestros de nadie, están muy prontos de caminar y echar por otro camino del que llevan, si se lo mandaren, porque nunca piensan que aciertan en nada. De que alaben a los demás se gozan; sólo tienen pena de que no sirven a Dios como ellos.

No tienen gana de decir sus cosas, porque las tienen en tan poco, que aun a sus maestros espirituales tienen vergüenza de decirlas, pareciéndoles que no son cosas que merezcan hacer lenguaje de ellas. Más gana tienen de decir sus faltas y pecados, o que los entiendan, que no sus virtudes; y así se inclinan más a tratar su alma con quien en menos tienen sus cosas y su espíritu, lo cual es propiedad de espíritu sencillo, puro y verdadero, y muy agradable a Dios. Porque, como mora en estas humildes almas el espíritu sabio de Dios, luego las mueve e inclina a guardar adentro sus tesoros en secreto y echar afuera sus males. Porque da Dios a los humildes, junto con las demás virtudes, esta gracia, así como a los soberbios la niega (Sab. **4**, **6**).

8. Darán éstos la sangre de su corazón a quien sirve a Dios, y ayudarán, cuanto esto es en sí, a que le sirvan. En las imperfecciones que se ven caer, con humildad se sufren, y con blandura de espíritu y temor amoroso de Dios, esperando en él.

Pero almas que al principio caminen con esta manera de perfección, entiendo son, como queda dicho, las menos y muy pocas; que ya nos contentaríamos que no cayesen en las cosas contrarias. Que, por eso, como después diremos, pone Dios en la noche oscura a los que quiere purificar de todas estas imperfecciones para llevarlos adelante.

CAPÍTULO 3

De algunas imperfecciones que suelen tener algunos de éstos acerca del segundo vicio capital, que es la avaricia, espiritualmente hablando.

1. Tienen muchos de estos principiantes también a veces mucha avaricia espiritual, porque apenas les verán contentos en el espíritu que Dios les da; andan muy desconsolados y quejosos porque no hallan el consuelo que querrían en las cosas espirituales. Muchos no se acaban de hartar de oír consejos y aprender preceptos espirituales y tener y leer muchos libros que traten de eso, y váseles más en esto el tiempo que en obrar la mortificación y perfección de la pobreza interior de espíritu que deben. Porque, a más de esto, se cargan de imágenes y rosarios bien curiosos; ahora dejan unos, ya toman otros; ahora truecan, ahora destruecan; ya los quieren de esta manera, ya de esotra, aficionándose más a esta cruz que a aquélla, por ser más curiosa. Y veréis a otros arreados de "agnusdeis" y reliquias y nóminas, como los niños de dijes.

En lo cual yo condeno la propiedad de corazón y el asimiento que tienen al modo, multitud y curiosidad de cosas, por cuanto es muy contra la pobreza de espíritu, que sólo mira en la sustancia de la devoción, aprovechándose sólo de aquello que basta para ella, y cansándose de esotra multiplicidad y de la curiosidad de ella; pues que la verdadera devoción ha de salir del corazón, sólo en la verdad y sustancia de lo que representan las cosas espirituales, y todo lo demás es asimiento y propiedad de imperfección, que, para pasar a alguna manera de perfección, es necesario que se acabe el tal apetito.

2. Yo conocí una persona que más de diez años se aprovechó de una cruz hecha toscamente de un ramo bendito, clavada con un alfiler retorcida alrededor, y nunca la había dejado, trayéndola consigo hasta que yo se la tomé; y no era persona de poca razón y entendimiento. Y vi otra que rezaba por cuentas que eran de huesos de las espinas del pescado, cuya devoción es cierto que por eso no era de menos quilates delante de Dios; pues se ve claro que éstos no la tenían en la hechura y valor.

Los que van, pues, bien encaminados desde estos principios, no se asen a los instrumentos visibles, ni se cargan de ellos, ni se les da nada de saber más de lo que conviene saber para obrar; porque sólo ponen los ojos en ponerse bien con Dios y agradarle, y en esto es su codicia. Y así con gran largueza dan cuanto tienen, y su gusto es saberse quedar sin ello por Dios y por la caridad del prójimo, no me da más que sean cosas espirituales que temporales; porque, como digo, sólo ponen los ojos en las veras de la perfección interior: dar a Dios gusto, y no a sí mismo en nada.

3. Pero de estas imperfecciones tampoco, como de las demás, no se puede el alma purificar cumplidamente hasta que Dios le ponga en la pasiva purgación de aquella oscura noche que luego diremos.

Mas conviene al alma, en cuanto pudiere, procurar de su parte hacer por perfeccionarse, porque merezca que Dios le ponga en aquella divina cura, donde sana el alma de todo lo que ella no alcanzaba a remediarse; porque, por más que el alma se ayude, no puede ella activamente purificarse de manera que esté dispuesta en la menor parte para la divina unión de perfección de amor, si Dios no toma la mano y la purga en aquel fuego oscuro para ella, cómo y de la manera que habemos de decir.

CAPÍTULO 4

De otras imperfecciones que suelen tener estos principiantes acerca del tercer vicio, que es lujuria.

1. Otras muchas imperfecciones más de las que acerca de cada vicio voy diciendo tienen muchos de estos principiantes, que por evitar prolijidad dejo, tocando algunas de las más principales, que son como origen y causa de las otras.

Y así, acerca de este vicio de lujuria (dejado aparte lo que es caer en este pecado en los espirituales, pues mi intento es tratar de las imperfecciones que se han de purgar por la noche oscura) tienen muchas imperfecciones muchos, que se podrían llamar lujuria espiritual, no porque así lo sea, sino porque procede de cosas espirituales. Porque muchas veces acaece que en los mismos ejercicios espirituales, sin ser en manos de ellos, se levantan y acaecen en la sensualidad movimientos y actos torpes, y a veces aun cuando el espíritu está en mucha oración, o ejercitando los Sacramentos de la Penitencia o Eucaristía. Los cuales, sin ser, como digo, en su mano, proceden de una de tres causas: **2**. La primera, proceden muchas veces del gusto que tiene el natural en las cosas espirituales; porque, como gusta el espíritu y sentido, con aquella recreación se mueve cada parte del hombre a deleitarse según su porción y propiedad; porque entonces el espíritu se mueve a recreación y gusto de Dios, que es la parte superior; y la sensualidad, que es la porción inferior, se mueve a gusto y deleite sensual, porque no sabe ella tener y tomar otro, y toma entonces el más conjunto a sí, que es el sensual torpe. Y así, acaece que el alma está en mucha oración con Dios según el espíritu, y, por otra parte, según el sentido siente rebeliones y movimientos y actos sensuales pasivamente, no sin harta desgana suya; lo cual muchas veces acaece en la Comunión, que, como en este acto de amor recibe el alma alegría y regalo, porque se le hace este Señor, pues para eso se da, la sensualidad toma también el suyo, como habemos dicho, a su modo. Que, como, en fin, estas dos partes son un supuesto, ordinariamente participan entrambas de lo que una recibe, cada una a su modo; porque, como dice el Filósofo, cualquiera cosa que se recibe, está en el recipiente al modo del mismo recipiente. Y así en estos principios, y aun cuando ya el alma está aprovechada, como está la sensualidad imperfecta, recibe el espíritu de Dios con la misma imperfección muchas veces.

Que, cuando esta parte sensitiva está reformada por la purgación de la noche oscura que diremos, ya no tiene ella estas flaquezas; porque no es ella la que recibe ya, mas antes está recibida ella en el espíritu; y así lo tiene todo entonces al modo del espíritu.

3. La segunda causa, de donde a veces proceden estas rebeliones, es el demonio, que, por desquietar y turbar el alma al tiempo que está en oración o la procura tener, procura levantar en el natural estos movimientos torpes, con que, si al alma se le da algo de ellos, le hace harto daño. Porque no sólo por el temor de esto aflojan en la oración, que es lo que él pretende, por ponerse a luchar con ellos, mas algunos dejan la oración del todo, pareciéndoles que en aquel ejercicio les acaecen más aquellas cosas que fuera de él, como es la verdad, porque se las pone el demonio más en aquella que en otra cosa, por que dejen el ejercicio espiritual. Y no sólo eso, sino que llega a representarles muy al vivo cosas muy feas y torpes, y a veces muy conjuntamente acerca de cualesquier cosas espirituales y personas que aprovechan sus almas, para aterrarlas y acobardarlas; de manera, que los que de ello hacen caso, aun no se atreven a mirar nada ni poner la consideración en nada, porque luego tropiezan en aquello.

Y esto en los que son tocados de melancolía acaece con tanta eficacia y frecuencia, que es de haberlos lástima grande, porque padecen vida triste, porque llega a tanto en algunas personas este trabajo cuando tienen este mal humor, que les parece claro que sienten tener consigo acceso el demonio, sin ser libres para poderlo evitar, aunque algunas personas de éstas puedan evitar el tal acceso con gran fuerza y trabajo. Cuando estas cosas torpes acaecen a los tales por medio de la melancolía, ordinariamente no se libran de ellas hasta que sanan de aquella calidad de humor, si no es que entrase en la noche oscura el alma, que la priva sucesivamente de todo.

4. El tercer origen, de donde suelen proceder y hacer guerra estos movimientos torpes, suele ser el temor que ya tienen cobrado estos tales a estos movimientos y representaciones torpes; porque el temor que les da la súbita memoria en lo que ven o tratan o piensan, les hace padecer estos actos sin culpa suya.

5. Hay también algunas almas, de naturales tan tiernos y deleznables, que, en viniéndoles cualquier gusto de espíritu o de oración, luego es con ellos el espíritu de la lujuria, que de tal manera les embriaga y regala la sensualidad, que se hallan como engolfados en aquel jugo y gusto de este vicio; y dura lo uno con lo otro pasivamente; y algunas veces echan de ver haber sucedido algunos torpes y rebeldes actos. La causa es que, como estos naturales sean, como digo, deleznables y tiernos, con cualquier alteración se les remueven los humores y la sangre, y suceden de aquí estos movimientos; porque a éstos lo mismo les acaece cuando se encienden en ira o tienen algún alboroto o pena.

6. Algunas veces también en estos espirituales, así en hablar como en obrar cosas espirituales, se levanta cierto brío y gallardía con memoria de las personas que tienen delante, y tratan con alguna manera de vano gusto; lo cual nace también de lujuria espiritual, al modo que aquí la entendemos; lo cual ordinariamente viene con complacencia en la voluntad.

7. Cobran algunos de éstos aficiones con algunas personas por vía espiritual, que muchas veces nacen de lujuria, y no de espíritu; lo cual se conoce ser así cuando, con la memoria de aquella afición, no crece más la memoria y amor de Dios, sino remordimiento en la conciencia. Porque, cuando la afición es puramente espiritual, creciendo ella, crece la de Dios, y cuanto más se acuerda de ella, tanto más se acuerda de Dios y le da gana de Dios, y creciendo en lo uno crece en lo otro; porque eso tiene el espíritu de Dios, que lo bueno aumenta con lo bueno, por cuanto hay semejanza y conformidad. Pero cuando el tal amor nace del dicho vicio sensual, tiene los efectos contrarios; porque cuanto más crece lo uno, tanto más decrece lo otro y la memoria juntamente; porque, si crece aquel amor, luego verá que se va resfriando en el de Dios y olvidándose de él con aquella memoria y algún remordimiento en la conciencia; y, por el contrario, si crece el amor de Dios en el alma, se va resfriando en el otro y olvidándole, porque, como son contrarios amores, no sólo no ayuda el uno al otro, mas antes el que predomina apaga y confunde el otro y se fortalece en sí mismo, como dicen los filósofos. Por lo cual dijo nuestro Salvador en el Evangelio (Jn. **3**, **6**) que lo que nace de carne, es carne, y lo que nace de espíritu, es espíritu, esto es: el amor que nace de sensualidad, para en sensualidad, y el que de espíritu, para en espíritu de Dios y hácele crecer. Y ésta es la diferencia que hay entre los dos amores para conocerlos.

8. Cuando el alma entrare en la noche oscura, todos estos amores pone en razón; porque al uno fortalece y purifica, que es el que es según Dios, y al otro quita y acaba; y, al principio a entrambos los hace perder de vista, como después se dirá.

CAPÍTULO 5

De las imperfecciones en que caen los principiantes acerca del vicio de la ira.

1. Por causa de la concupiscencia que tienen muchos principiantes en los gustos espirituales, les poseen muy de ordinario muchas imperfecciones del vicio de la ira; porque, cuando se les acaba el sabor y gusto en las cosas espirituales, naturalmente se hallan desabridos y, con aquel sinsabor que traen consigo, traen mala gracia en las cosas que tratan, y se aíran muy fácilmente por cualquier cosilla, y aun a veces no hay quien los sufra. Lo cual muchas veces acaece después que han tenido algún muy gustoso recogimiento sensible en la oración, que, como se les acaba aquel gusto y sabor, naturalmente queda el natural desabrido y desganado; bien así como el niño cuando le apartan del pecho de que estaba gustando a su sabor. En el cual natural, cuando no se dejan llevar de la desgana, no hay culpa, sino imperfección que se ha de purgar por la sequedad y aprieto de la noche oscura.

2. También hay otros de estos espirituales que caen en otra manera de ira espiritual, y es que se aíran contra los vicios ajenos con cierto celo desasosegado, notando a otros; y a veces les dan ímpetus de reprenderles enojosamente, y aun hacen algunas veces, haciéndose ellos dueños de la virtud. Todo lo cual es contra la mansedumbre espiritual.

3. Hay otros que, cuando se ven imperfectos, con impaciencia no humilde se aíran contra sí mismos; acerca de lo cual tienen tanta impaciencia, que querrían ser santos en un día. De éstos hay muchos que proponen mucho y hacen grandes propósitos, y como no son humildes ni desconfían de sí, cuantos más propósitos hacen, tanto más caen y tanto más se enojan, no teniendo paciencia para esperar a que se lo dé Dios cuando él fuere servido: que también es contra la dicha mansedumbre espiritual; que del todo no se puede remediar sino por la purgación de la noche oscura. Aunque algunos tienen tanta paciencia en esto del querer aprovechar, que no querría Dios ver en ellos tanta.

CAPÍTULO 6

De las imperfecciones acerca de la gula espiritual.

1. Acerca del cuarto vicio, que es gula espiritual, hay mucho que decir, porque apenas hay uno de estos principiantes que, por bien que proceda, no caiga en algo de las muchas imperfecciones que acerca de este vicio les nacen a estos principiantes por medio del sabor que hallan a los principios en los ejercicios espirituales.

Porque muchos de éstos, engolosinados con el sabor y gusto que hallan en los tales ejercicios, procuran más el sabor del espíritu que la pureza y discreción de él, que es lo que Dios mira y acepta en todo el camino espiritual. Por lo cual, demás de las imperfecciones que tienen en pretender estos sabores, la golosina que ya tienen les hace salir mucho del pie a la mano, pasando de los límites del medio en que consisten y se granjean las virtudes. Porque, atraídos del gusto que allí hallan, algunos se matan a penitencias, y otros se debilitan con ayunos, haciendo más de lo que su flaqueza sufre, sin orden y consejo; antes procuran hurtar el cuerpo a quien deben obedecer en lo tal; y aun algunos se atreven a hacerlo aunque les han mandado lo contrario.

2. Estos son imperfectísimos, gente sin razón, que posponen la sujeción y obediencia, que es penitencia de razón y discreción, y por eso es para Dios más acepto y gustoso sacrificio que todos los demás, a la penitencia corporal, que, dejada estotra parte, no es más que penitencia de bestias, a que también como bestias se mueven por el apetito y gusto que allí hallan. En lo cual, por cuanto todos los extremos son viciosos, y en esta manera de proceder éstos hacen su voluntad, antes van creciendo en vicios que en virtudes; porque, por lo menos, ya en esta manera adquieren gula espiritual y soberbia, pues no va en obediencia (lo que hacen).

Y tanto empuja el demonio a muchos de éstos, atizándoles esta gula por gustos y apetitos que les acrecienta, que ya que más no pueden, o mudan o añaden o varían lo que les mandan, porque les es aceda toda obediencia acerca de esto. En lo cual algunos llegan a tanto mal, que, por el mismo caso que van por obediencia los tales ejercicios, se les quita la gana y devoción de hacerlos, porque sola su gana y gusto es hacer lo que les mueve; todo lo cual por ventura les valiera más no hacerlo.

3. Veréis a muchos de éstos muy porfiados con sus maestros espirituales porque les concedan lo que quieren, y allá medio por fuerza lo sacan; y si no, se entristecen como niños y andan de mala gana, y les parece que no sirven a Dios cuando no los dejan hacer lo que querrían. Porque, como andan arrimados al gusto y voluntad propia, y esto tienen por su Dios, luego que se lo quitan y les quieren poner en voluntad de Dios, se entristecen y aflojan y faltan.

Piensan éstos que el gustar ellos y estar satisfechos, es servir a Dios y satisfacerle.

4. Hay también otros que por esta golosina tienen tan poco conocida su bajeza y propia miseria y tan echado aparte el amoroso temor y respeto que deben a la grandeza de Dios, (que) no dudan de porfiar mucho con sus confesores sobre que les dejen comulgar muchas veces. Y lo peor es que muchas veces se atreven a comulgar sin licencia y parecer del ministro y despensero de Cristo, sólo por su parecer, y le procuran encubrir la verdad. Y a esta causa, con ojo de ir comulgando, hacen como quiera las confesiones, teniendo más codicia en comer que en comer limpia y perfectamente; como quiera que fuera más sano y santo tener la inclinación contraria, rogando a sus confesores que no les manden llegar tan a menudo; aunque entre lo uno y lo otro mejor es la resignación humilde, pero los demás atrevimientos cosa es para grande mal y castigo de ellos sobre tal temeridad.

5. Estos, en comulgando, todo se les va en procurar algún sentimiento y gusto más que en reverenciar y alabar en sí con humildad a Dios: y de tal manera se apropian a esto, que, cuando no han sacado algún gusto o sentimiento sensible, piensan que no han hecho nada, lo cual es juzgar muy bajamente de Dios, no entendiendo que el menor de los provechos que hace este Santísimo Sacramento es el que toca al sentido, porque mayor es el invisible de la gracia que da; que, porque pongan en él los ojos de la fe, quita Dios muchas veces esotros gustos y sabores sensibles.

Y así, quieren sentir a Dios y gustarle como si fuese comprensible y accesible, no sólo en éste, sino también en los demás ejercicios espirituales, todo lo cual es muy grande imperfección y muy contra la condición de Dios, porque es impureza en la fe.

6. Lo mismo tienen éstos en la oración que ejercitan, que piensan que todo el negocio de ella está en hallar gusto y devoción sensible, y procuran sacarle, como dicen, a fuerza de brazos, cansando y fatigando las potencias y la cabeza; y, cuando no han hallado el tal gusto, se desconsuelan mucho pensando que no han hecho nada.

Y por esta pretensión pierden la verdadera devoción y espíritu, que consiste en perseverar allí con paciencia y humildad, desconfiando de sí, sólo por agradar a Dios. A esta causa, cuando no han hallado una vez sabor en este u otro ejercicio, tienen mucha desgana y repugnancia de volver a él, y a veces lo dejan; que, en fin, son, como habemos dicho, semejantes a los niños, que no se mueven ni obran por razón, sino por el gusto.

Todo se les va a éstos en buscar gusto y consuelo de espíritu, y por esto nunca se hartan de leer libros, y ahora toman una meditación, ahora otra, andando a caza de este gusto con las cosas de Dios; a los cuales les niega Dios muy justa, discreta y amorosamente, porque, si esto no fuese, crecerían por esta gula y golosina espiritual en males sin cuento. Por lo cual conviene mucho a éstos entrar en la noche oscura que habemos de dar, para que se purguen de estas niñerías.

7. Estos que así están inclinados a estos gustos, también tienen otra imperfección muy grande, y es que son muy flojos y remisos en ir por el camino áspero de la cruz; porque el alma que se da al sabor, naturalmente le da en rostro todo sinsabor de negación propia.

8. Tienen éstos otras muchas imperfecciones que de aquí les nacen, las cuales el Señor a tiempos les cura con tentaciones, sequedades y otros trabajos, que todo es parte de la noche oscura.

De las cuales, por no me alargar, no quiero tratar aquí más, sino sólo decir que la sobriedad y templanza espiritual lleva otro temple muy diferente de mortificación, temor y sujeción en todas sus cosas, echando de ver que no está la perfección y valor de las cosas en la multitud y gusto de las obras, sino en saberse negar a sí mismo en ellas; lo cual ellos han de procurar hacer cuanto pudieren de su parte, hasta que Dios quiera purificarlos de hecho entrándolos en la noche oscura, a la cual por llegar me voy dando priesa con estas imperfecciones.

CAPÍTULO 7

De las imperfecciones acerca de la envidia y acidia espiritual.

1. Acerca también de los otros dos vicios, que son envidia y acidia espiritual, no dejan estos principiantes de tener hartas imperfecciones. Porque acerca de la envidia muchos de éstos suelen tener movimientos de pesarles del bien espiritual de los otros, dándoles alguna pena sensible que les lleven ventaja en este camino, y no querrían verlos alabar; porque se entristecen de las virtudes ajenas, y a veces no lo pueden sufrir sin decir ellos lo contrario, deshaciendo aquellas alabanzas como pueden, y les crece, como dicen, el ojo no hacerse con ellos otro tanto, porque querrían ellos ser preferidos en todo. Todo lo cual es muy contrario a la caridad, la cual, como dice san Pablo (**1** Cor. **13**, **6**), se goza de la verdad; y, si alguna envidia tiene, es envidia santa, pesándole de no tener las virtudes del otro, con gozo de que el otro las tenga, y holgándose de que todos le lleven la ventaja porque sirvan a Dios, ya que él está tan falto en ello.

2. También, acerca de la acidia espiritual, suelen tener tedio en las cosas que son más espirituales y huyen de ellas, como son aquellas que contradicen al gusto sensible; porque, como ellos están tan saboreados en las cosas espirituales, en no hallando sabor en ellas las fastidian. Porque, si una vez no hallaron en la oración la satisfacción que pedía su gusto (porque en fin conviene que se le quite Dios para probarlos), no querrían volver a ella, o a veces la dejan o van de mala gana. Y así, por esta acidia, posponen el camino de perfección, que es el de la negación de su voluntad y gusto por Dios, al gusto y sabor de su voluntad, a la cual en esta manera andan ellos por satisfacer más que a la de Dios.

3. Y muchos de éstos querrían que quisiese Dios lo que ellos quieren, y se entristecen de querer lo que quiere Dios, con repugnancia de acomodar su voluntad a la de Dios. De donde les nace que, muchas veces, en lo que ellos no hallan su voluntad y gusto, piensen que no es voluntad de Dios; y que, por el contrario, cuando ellos se satisfacen, crean que Dios se satisface, midiendo a Dios consigo, y no a si mismos con Dios, siendo muy al contrario lo que él mismo enseñó en el Evangelio (Mt. **16**, **25**), diciendo que el que perdiese su voluntad por él, ese la ganaría, el que la quisiese ganar, ése la perdería.

4. Estos también tienen tedio cuando les mandan lo que no tiene gusto para ellos. Estos, porque se andan al regalo y sabor del espíritu, son muy flojos para la fortaleza y trabajo de perfección, hechos semejantes a los que se crían en regalo, que huyen con tristeza de toda cosa áspera, y ofêndense de la cruz, en que están los deleites del espíritu; y en las cosas más espirituales más tedio tienen, porque, como ellos pretenden andar en las cosas espirituales a sus anchuras y gusto de su voluntad, háceles gran tristeza y repugnancia entrar por el camino estrecho, que dice Cristo (Mt. **7**, **14**), de la vida.

5. Estas imperfecciones baste aquí haber referido de las muchas en que viven los de este primer estado de principiantes, para que se vea cuánta sea la necesidad que tienen de que Dios los ponga en estado de aprovechados, que se hace entrándolos en la noche oscura que ahora decimos, donde, destetándolos Dios de los pechos de estos gustos y sabores en puras sequedades y tinieblas interiores, les quita todas estas impertinencias y niñerías, y hace ganar las virtudes por medios muy diferentes. Porque, por más que el principiante en mortificar en sí se ejercite todas sus acciones y pasiones, nunca del todo, ni con mucho, puede hasta que Dios lo hace pasivamente por medio de la purgación de la dicha noche. En la cual para hablar algo que sea en su provecho, sea Dios servido darme su divina luz, porque es bien menester en noche tan oscura y materia tan dificultosa para ser hablada y recitada. Es, pues, el verso:

En una noche oscura.

CAPÍTULO 8

En que se declara el primer verso de la primera canción y se comienza a explicar esta noche oscura.

1. Esta noche, que decimos ser la contemplación, dos maneras de tinieblas causa en los espirituales o purgaciones, según las dos partes del hombre, conviene a saber, sensitiva y espiritual.

Y así, la una noche o purgación será sensitiva, con que se purga el alma según el sentido, acomodándolo al espíritu; y la otra es noche o purgación espiritual, con que se purga y desnuda el alma según el espíritu, acomodándole y disponiéndole para la unión de amor con Dios. La sensitiva es común y que acaece a muchos, y éstos son los principiantes, de la cual trataremos primero; la espiritual es de muy pocos, y éstos ya de los ejercitados y aprovechados, de que trataremos después.

2. La primera purgación o noche es amarga y terrible para el sentido, como ahora diremos. La segunda no tiene comparación, porque es horrenda y espantable para el espíritu, como luego diremos. Y porque en orden es primero y acaece primero la sensitiva, de ella con brevedad diremos alguna cosa primero, porque de ella, como cosa más común, se hallan más cosas escritas, por pasar a tratar más de propósito de la noche espiritual, por haber de ella muy poco lenguaje, así de plática como de escritura, y aun de experiencia muy poco.

3. Pues, como el estilo que llevan los principiantes en el camino de Dios es bajo y que frisa mucho con su propio amor y gusto, como arriba queda dado a entender, queriendo Dios llevarlos adelante, y sacarlos de este bajo modo de amor a más alto grado de amor de Dios y librarlos de bajo ejercicio del sentido y discurso, con que tan tasadamente y con tantos inconvenientes, como habemos dicho, andan buscando a Dios, y ponerlos en el ejercicio de espíritu, en que más abundantemente y más libres de imperfecciones pueden comunicarse con Dios; ya que se han ejercitado algún tiempo en el camino de la virtud, perseverando en meditación y oración, en que con el sabor y gusto que allí han hallado se han desaficionado de las cosas del mundo y cobrado algunas espirituales fuerzas en Dios, con que tienen algo refrenados los apetitos de las criaturas, con que podrán sufrir por Dios un poco de carga y sequedad sin volver atrás, al mejor tiempo, cuando más a sabor y gusto andan en estos ejercicios espirituales, y cuando más claro a su parecer les luce el sol de los divinos favores, oscuréceles Dios toda esta luz y ciérrales la puerta y manantial de la dulce agua espiritual que andaban gustando en Dios todas las veces y todo el tiempo que ellos querían; porque, como eran flacos y tiernos, no había puerta cerrada para éstos, como dice san Juan en el Apocalipsis (**3**, **8**). Y así, los deja tan a oscuras que no saben dónde ir con el sentido de la imaginación y el discurso, porque no pueden dar un paso en meditar como antes solían, anegado ya el sentido interior en estas noches, y déjalos tan a secas que no solo no hallan jugo y gusto en las cosas espirituales y buenos ejercicios en que solían ellos hallar sus deleites y gustos, mas, en lugar de esto, hallan por el contrario sinsabor y amargura en las dichas cosas; porque, como he dicho, sintiéndolos ya Dios aquí algo crecidillos, para que se fortalezcan y salgan de mantillas los desarrima del dulce pecho y, abajándolos de sus brazos, los veza a andar por sus pies; en lo cual sienten ellos gran novedad porque se les ha vuelto todo al revés.

4. Esto a la gente recogida comúnmente acaece más en breve, después que comienzan, que a los demás, por cuanto están más libres de ocasiones para volver atrás y reformar más presto los apetitos de las cosas del siglo, que es lo que se requiere para comenzar a entrar en esta dichosa noche del sentido.

Ordinariamente no pasa mucho tiempo, después que comienzan, en entrar en esta noche del sentido; y todos los más entran en ella, porque comúnmente les verán caer en estas sequedades.

5. De esta manera de purgación sensitiva, por ser tan común, podríamos traer aquí grande número de autoridades de la Escritura divina, donde a cada paso, particularmente en los Salmos y en los Profetas, se hallan muchas. Por tanto, no quiero en esto gastar tiempo, porque el que allí no las supiere mirar, bastarle ha la común experiencia que de ella se tiene.

CAPÍTULO 9

De las señales en que se conocerá que el espiritual va por el camino de esta noche y purgación sensitiva.

1. Pero, porque estas sequedades podrían proceder muchas veces no de la dicha noche y purgación del apetito sensitivo, sino de pecados e imperfecciones o de flojedad y tibieza, o de algún mal humor o indisposición corporal, pondré aquí algunas señales en que se conoce si es la tal dicha purgación, o si nace de alguno de los dichos vicios. Para lo cual hallo que hay tres señales principales.

2. La primera es si, así como no halla gusto ni consuelo en las cosas de Dios, tampoco le halla en alguna de las cosas criadas; porque, como pone Dios al alma en esta oscura noche a fin de enjugarle y purgarle el apetito sensitivo, en ninguna cosa le deja engolosinar ni hallar sabor. Y en esto se conoce muy probablemente que esta sequedad y sinsabor no proviene ni de pecados ni de imperfecciones nuevamente cometidas; porque, si esto fuese, sentirse hía en el natural alguna inclinación o gana de gustar de otra alguna cosa que de las de Dios; porque, cuando quiera que se relaja el apetito en alguna imperfección, luego se siente quedar inclinado a ella, poco o mucho, según el gusto y afición que allí aplicó.

Pero, porque este no gustar ni de cosa de arriba ni de abajo podría provenir de alguna indisposición o humor melancólico, el cual muchas veces no deja hallar gusto en nada, es menester la segunda señal y condición.

3. La segunda señal para que se crea ser la dicha purgación es que ordinariamente trae la memoria en Dios con solicitud y cuidado penoso, pensando que no sirve a Dios, sino que vuelve atrás, como se ve en aquel sinsabor en las cosas de Dios. Y en esto se ve que no sale de flojedad y tibieza este sinsabor y sequedad; porque de razón de la tibieza es no se le dar mucho ni tener solicitud interior por las cosas de Dios.

De donde entre la sequedad y tibieza hay mucha diferencia; porque la que es tibieza tiene mucha flojedad y remisión en la voluntad y en el ánimo, sin solicitud de servir a Dios; la que sólo es sequedad purgativa tiene consigo ordinaria solicitud con cuidado y pena, como digo, de que no sirve a Dios. Y ésta, aunque algunas veces sea ayudada de la melancolía u otro humor, como muchas veces lo es, no por eso deja de hacer su efecto purgativo del apetito, pues de todo gusto está privado, y sólo su cuidado trae en Dios; porque, cuando es puro humor, sólo se va en disgusto y estrago del natural, sin estos deseos de servir a Dios que tiene la sequedad purgativa, con la cual aunque la parte sensitiva está muy caída y floja y flaca para obrar por el poco gusto que halla, el espíritu, empero, está pronto y fuerte.

4. Porque la causa de esta sequedad es porque muda Dios los bienes y fuerza del sentido al espíritu, de los cuales, por no ser capaz el sentido y fuerza natural, se queda ayuno, seco y vacío.

Porque la parte sensitiva no tiene habilidad para lo que es puro espíritu, y así, gustando el espíritu se desabre la carne y se afloja para obrar; mas el espíritu que va recibiendo el manjar, anda fuerte y más alerto y solícito que antes en el cuidado de no faltar a Dios, el cual, si no siente luego al principio el sabor y deleite espiritual, sino la sequedad y sinsabor, es por la novedad del trueque; porque, habiendo tenido el paladar hecho a esotros gustos sensibles (y todavía tiene los ojos puestos en ellos), y porque también el paladar espiritual no está acomodado ni purgado para tan sutil gusto, hasta que sucesivamente se vaya disponiendo por medio de esta seca y oscura noche no puede sentir el gusto y bien espiritual, sino la sequedad y sinsabor, a falta del gusto que antes con tanta facilidad gustaba.

5. Porque éstos que comienza Dios a llevar por estas soledades del desierto son semejantes a los hijos de Israel, que luego que en el desierto les comenzó Dios a dar el manjar del cielo, que de suyo tenía todos los sabores, y, como allí dice (Sab. **16**, **20-21**), se convertía al sabor que cada uno quería, con todo, sentían más la falta de los gustos y sabores de las carnes y cebollas que comían antes en Egipto, por haber tenido el paladar hecho y engolosinado en ellas, que la dulzura delicada del maná angélico, y lloraban y gemían por las carnes entre los manjares del cielo (Núm. **11**, **4-6**).

Que a tanto llega la bajeza de nuestro apetito, que nos hace llorar nuestras miserias y fastidiar el bien incomunicable del cielo.

6. Pero, como digo, cuando estas sequedades provienen de la vida purgativa del apetito sensible, aunque el espíritu no siente al principio el sabor por las causas que acabamos de decir, siente la fortaleza y brío para obrar en la sustancia que le da el manjar interior, el cual manjar es principio de oscura y seca contemplación para el sentido; la cual contemplación, que es oculta y secreta para el mismo que la tiene, ordinariamente, junto con la sequedad y vacío que hace al sentido, da al alma inclinación y gana de estarse a solas y en quietud, sin poder pensar en cosa particular ni tener gana de pensarla.

Y entonces, si a los que esto acaece se supiesen quietar, descuidando de cualquier obra interior y exterior, sin solicitud de hacer allí nada, luego en aquel descuido y ocio sentirán delicadamente aquella refección interior; la cual es tan delicada que, ordinariamente, si tiene gana o cuidado en sentirla, no la siente; porque, como digo, ella obra en el mayor ocio y descuido del alma; que es como el aire, que, en queriendo cerrar el puño, se sale.

7. Y a este propósito podemos entender lo que a la Esposa dijo el Esposo en los Cantares (**6**, **4**): Aparta tus ojos de mí, porque ellos me hacen volar; porque de tal manera pone Dios al alma en este estado y en tan diferente camino la lleva, que, si ella quiere obrar con sus potencias, antes estorba la obra que Dios en ella va haciendo, que ayuda; lo cual antes era muy al revés. La causa es porque ya en este estado de contemplación, que es cuando sale del discurso y entra en el estado de aprovechados, ya Dios es el que obra en el ánima, porque por eso la ata las potencias interiores, no dejándole arrimo en el entendimiento, ni jugo en la voluntad, ni discurso en la memoria. Porque, en este tiempo, lo que de suyo puede obrar el alma no sirve sino, como habemos dicho, de estorbar la paz interior y la obra que en aquella sequedad del sentido hace Dios en el espíritu. La cual, como espiritual y delicada, hace obra quieta, delicada, solitaria, satisfactoria y pacífica, muy ajena de todos esotros gustos primeros, que eran muy palpables y sensibles; porque es la paz ésta que dice David (Sal. **84**, **9**) que habla Dios en el alma para hacerla espiritual. Y de aquí es la tercera.

8. La tercera señal que hay para que se conozca esta purgación del sentido es el no poder ya meditar ni discurrir en el sentido de la imaginación, como solía, aunque más haga de su parte. Porque, como aquí comienza Dios a comunicarse, no ya por el sentido, como antes hacía por medio del discurso que componía y dividía las noticias, sino por el espíritu puro, en que no cae discurso sucesivamente, comunicándosele con acto de sencilla contemplación, la cual no alcanza los sentidos de la parte inferior, exteriores ni interiores, de aquí es que la imaginativa y fantasía no pueden hacer arrimo en alguna consideración ni hallar en ella pie ya de ahí adelante.

9. En esta tercera señal se ha de tener que este empacho de las potencias y del gusto de ellas no proviene de algún mal humor; porque, cuando de aquí nace, en acabando aquel humor (porque nunca permanece en un ser), luego con algún cuidado que ponga el alma vuelve a poder lo que antes, y hallan sus arrimos las potencias, lo cual en la purgación del apetito no es así, porque, en comenzando a entrar en ella, siempre va delante el no poder discurrir con las potencias. Que, aunque es verdad que, a los principios, en algunos, a veces no entra con tanta continuación que algunas veces dejen de llevar sus gustos y discursos sensibles, porque, por ventura, por su flaqueza no convendría destetarlos de un golpe, con todo van siempre entrando más en ella y acabando con la obra sensitiva, si es que han de ir adelante. Porque los que no van por camino de contemplación muy diferente modo llevan, porque esta noche de sequedades no suele ser en ellos continua en el sentido, porque, aunque algunas veces las tienen, otras veces no; y aunque algunas no pueden discurrir, otras pueden; porque, como sólo les mete Dios en esta noche a éstos para ejercitarlos y humillarlos y reformarles el apetito porque no vayan criando golosina viciosa en las cosas espirituales, y no para llevarlos a la vida del espíritu, que es la contemplación (porque no todos los que se ejercitan de propósito en el camino del espíritu lleva Dios a contemplación, ni aún la mitad: el por qué, él se lo sabe), de aquí es que a éstos nunca les acaba de hecho de desarrimar el sentido de los pechos de las consideraciones y discursos, sino algunos ratos a temporadas, como habemos dicho.

CAPÍTULO 10

Del modo que se han de haber éstos en esta noche oscura.

1. En el tiempo, pues, de las sequedades de esta noche sensitiva (en la cual hace Dios el trueque que habemos dicho arriba, sacando el alma de la vida del sentido a la del espíritu, que es de la meditación a contemplación, donde ya no hay poder obrar ni discurrir en las cosas de Dios el alma con sus potencias, como queda dicho) padecen los espirituales grandes penas, no tanto por las sequedades que padecen, como por el recelo que tienen de que van perdidos en el camino, pensando que se les ha acabado el bien espiritual y que los ha dejado Dios, pues no hallan arrimo ni gusto en cosa buena. Entonces se fatigan y procuran, como lo han habido de costumbre, arrimar con algún gusto las potencias a algún objeto de discurso, pensando ellos que, cuando no hacen esto y se sienten obrar, no se hace nada; lo cual hacen no sin harta desgana y repugnancia interior del alma, que gustaba de estarse en aquella quietud y ocio, sin obrar con las potencias. En lo cual, estragándose en lo uno, no aprovechan en lo otro; porque, por buscar espíritu, pierden el espíritu que tenían de tranquilidad y paz. Y así son semejantes al que deja lo hecho para volverlo a hacer, o al que se sale de la ciudad para volver a entrar en ella, o al que deja la caza que tiene para volver a andar a caza. Y esto en esta parte es excusado, porque no hallará nada ya por aquel primer estilo de proceder, como queda dicho.

2. Estos, en este tiempo, si no hay quien los entienda, vuelven atrás, dejando el camino, aflojando, o, a lo menos, se estorban de ir adelante, por las muchas diligencias que ponen de ir por el camino de meditación y discurso, fatigando y trabajando demasiadamente el natural, imaginando que queda por su negligencia o pecados. Lo cual les es escusado, porque los lleva ya Dios por otro camino, que es de contemplación, diferentísimo del primero; porque el uno es de meditación y discurso, y el otro no cae en imaginación ni discurso.

3. Los que de esta manera se vieren, conviéneles que se consuelen perseverando en paciencia, no teniendo pena; confíen en Dios, que no deja a los que con sencillo y recto corazón le buscan, ni los dejará de dar lo necesario para el camino, hasta llevarlos a la clara y pura luz de amor, que les dará por medio de la noche oscura del espíritu, si merecieren que Dios los ponga en ella.

4. El estilo que han de tener en ésta del sentido es que no se den nada por el discurso y meditación, pues ya no es tiempo de eso, sino que dejen estar el alma en sosiego y quietud, aunque les parezca claro que no hacen nada y que pierden tiempo, y aunque les parezca que por su flojedad no tienen gana de pensar allí nada; que harto harán en tener paciencia en perseverar en la oración sin hacer ellos nada. Sólo lo que aquí han de hacer es dejar el alma libre y desembarazada y descansada de todas las noticias y pensamientos, no teniendo cuidado allí de qué pensarán y meditarán, contentándose sólo con una advertencia amorosa y sosegada en Dios, y estar sin cuidado y sin eficacia y sin gana de gustarle o de sentirle; porque todas estas pretensiones desquietan y distraen el alma de la sosegada quietud y ocio suave de contemplación que aquí se da.

5. Y aunque más escrúpulos se vengan de que pierde tiempo y que sería bueno hacer otra cosa, pues en la oración no puede hacer ni pensar nada, súfrase y estése sosegado, como que no va allí más que a estarse a su placer y anchura de espíritu; porque, si de suyo quiere algo obrar con las potencias interiores, será estorbar y perder los bienes que Dios por medio de aquella paz y ocio del alma está asentando e imprimiendo en ella; bien así como si algún pintor estuviera pintando o alcoholando un rostro, que si el rostro se menease en querer hacer algo, no dejaría hacer nada al pintor, y deturbaría lo que estaba haciendo. Y así, cuando el alma se quiere estar en paz y ocio interior, cualquiera operación o afición o advertencia que ella quiera entonces tener, la distraerá y desquietará y hará sentir la sequedad y vacío del sentido, porque, cuanto más pretendiere tener algún arrimo de afecto y noticia, tanto más sentirá la falta, de la cual no puede ya ser suplida por aquella vía.

6. De donde a esta tal alma le conviene no hacer aquí caso que se le pierdan las operaciones de las potencias, antes ha de gustar que se le pierdan presto, porque, no estorbando la operación de la contemplación infusa que va Dios dando, con más abundancia pacífica la reciba, y dé lugar a que arda y se encienda en el espíritu el amor que esta oscura y secreta contemplación trae consigo y pega al alma. Porque contemplación no es otra cosa que infusión secreta, pacífica y amorosa de Dios, que, si la dan lugar, inflama al alma en espíritu de amor, según ella da a entender en el verso siguiente, es a saber.

Con ansias en amores inflamada.

CAPÍTULO 11

Decláranse los tres versos de la canción.

1. La cual inflamación de amor, aunque comúnmente a los principios no se siente, por no haber uviado o comenzado a emprenderse por la impureza del natural, o por no le dar lugar pacífico en sí el alma por no entenderse, como habemos dicho (aunque, a veces, sin eso y con eso comienza luego a sentirse alguna ansia de Dios), cuanto más va, más se va viendo el alma aficionada e inflamada en amor de Dios, sin saber ni entender cómo y de dónde le nace el tal amor y afición, sino que ve crecer tanto en sí a veces esta llama e inflamación, que con ansias de amor desea a Dios, según David estando en esta noche, lo dice de sí por estas palabras (Sal. **72**, **21-22**), es a saber: Porque se inflamó mi corazón, es a saber en amor de contemplación, también mis renes se mudaron, esto es, mis apetitos de afecciones sensitivas se mudaron, es a saber, de la vida sensitiva a la espiritual, que es la sequedad y cesación en todos ellos que vamos diciendo; y yo, dice, fui resuelto en nada y aniquilado, y no supe; porque, como habemos dicho, sin saber el alma por dónde va, se ve aniquilada acerca de todas las cosas de arriba y de abajo que solía gustar, y sólo se ve enamorada sin saber cómo y por qué. Y, porque a veces crece mucho la inflamación de amor en el espíritu, son las ansias por Dios tan grandes en el alma, que parece se le secan los huesos en esta sed, y se marchita el natural, y se estraga su calor y fuerza por la viveza de la sed de amor, porque siente el alma que es viva esta sed de amor. La cual también David (Sal. **41**, **3**) tenía y sentía, cuando dijo: Mi alma tuvo sed a Dios vivo; que es tanto como decir: Viva fue la sed que tuvo mi alma. La cual sed, por ser viva, podemos decir que mata de sed. Pero es de notar que la vehemencia de esta sed no es continua, sino algunas veces, aunque de ordinario suele sentir alguna sed.

2. Pero hase de advertir que, como aquí comencé a decir, que a los principios comúnmente no se siente este amor, sino la sequedad y vacío que vamos diciendo; y entonces, en lugar de este amor que después se va encendiendo, lo que trae el alma en medio de aquellas sequedades y vacíos de las potencias es un ordinario cuidado y solicitud de Dios, con pena y recelo de que no le sirve; que no es para Dios poco agradable sacrificio ver andar el espíritu contribulado y solícito por su amor (Sal. **50**, **19**). Esta solicitud y cuidado pone en el alma aquella secreta contemplación hasta que, por tiempo habiendo purgado algo el sentido, esto es, la parte sensitiva, de las fuerzas y aficiones naturales por medio de las sequedades que en ella pone, va ya encendiendo en el espíritu este amor divino. Pero entretanto, en fin, como el que está puesto en cura, todo es padecer en esta oscura y seca purgación del apetito, curándose de muchas imperfecciones e imponiéndose en muchas virtudes para hacerse capaz del dicho amor, como ahora se dirá sobre el verso siguiente:

¡Oh dichosa ventura!

3. Que por cuanto pone Dios el alma en esta noche sensitiva a fin de purgar el sentido de la parte inferior y acomodarle y sujetarle y unirle con el espíritu, oscureciéndole y haciéndole cesar acerca de los discursos, como también después, al fin de purificar el espíritu para unirle con Dios, como después se dirá, le pone en la noche espiritual, gana el alma, aunque a ella no se lo parece, tantos provechos, que tiene por dichosa ventura haber salido del lazo y apertura del sentido de la parte inferior por esta dicha noche. Dice el presente verso, es a saber: ¡oh dichosa ventura! Acerca de la cual nos conviene aquí notar los provechos que halla en esta noche el alma, por causa de los cuales tiene por buena ventura pasar por ella. Todos los cuales provechos encierra el alma en el siguiente verso, es a saber: Salí sin ser notada.

4. La cual salida se entiende de la sujeción que tenía el alma a la parte sensitiva en buscar a Dios por operaciones tan flacas, tan limitadas y tan ocasionadas como las de esta parte inferior son; pues que a cada paso tropezaba con mil imperfecciones e ignorancias, como habemos notado arriba en los siete vicios capitales, de todos los cuales se libra, apagándole esta noche todos los gustos de arriba y de abajo, y oscureciéndole todos los discursos, y haciéndole otros innumerables bienes en la ganancia de las virtudes, como ahora diremos. Que será cosa gustosa y de gran consuelo para el que por aquí camina, ver cómo cosa que tan áspera y adversa parece al alma y tan contraria al gusto espiritual, obra tantos bienes en ella.

Los cuales, como decimos, se consigue en salir el alma según la afección y operación, por medio de esta noche, de todas las cosas criadas, y caminar a las eternas, que es grande dicha y ventura: lo uno, por el grande bien que es apagar el apetito y afección acerca de todas las cosas; lo otro, por ser muy pocos los que sufren y perseveran en entrar por este puerta angosta, y por el camino estrecho que guía a la vida, como dice nuestro Salvador (Mt. **7**, **14**).

Porque la angosta puerta es esta noche del sentido, del cual se despoja y desnuda el alma para entrar en ella, juntándose en fe, que es ajena de todo sentido, para caminar después por el camino estrecho, que es la otra noche de espíritu, en que después entra el alma para caminar a Dios en pura fe, que es el medio por donde el alma se une con Dios. Por el cual camino, por ser tan estrecho, oscuro y terrible (que no hay comparación de esta noche de sentido a la oscuridad y trabajos de aquélla, como diremos allí), son muchos menos los que caminan por él, pero son sus provechos sin comparación mucho mayores que los de ésta. De los cuales comenzaremos ahora a decir algo, con la brevedad que se pudiere, por pasar a la otra noche.

CAPÍTULO 12

De los provechos que causa en el alma esta noche.

1. Esta noche y purgación del apetito, dichosa para el alma, tantos bienes y provechos hace en ella (aunque a ella antes le parece, como habemos dicho, que se los quita), que así como Abraham hizo gran fiesta cuando quitó la leche a su hijo Isaac (Gn. **21**, **8**), se gozan en el cielo de que ya saque Dios a esta alma de pañales, de que la baje de los brazos, de que la haga andar por su pie, de que también, quitándola el pecho de la leche y blando y dulce manjar de niños, la haga comer pan con corteza, y que comience a gustar el manjar de robustos, que en estas sequedades y tinieblas del sentido se comienza a dar al espíritu vacío y seco de los jugos del sentido, que es la contemplación infusa que habemos dicho.

2. Y éste es el primero y principal provecho que causa esta seca y oscura noche de contemplación: el conocimiento de sí y de su miseria. Porque, demás de que todas las mercedes que Dios hace al alma ordinariamente las hace envueltas en este conocimiento, estas sequedades y vacío de la potencia acerca de la abundancia que antes sentía y la dificultad que halla el alma en las cosas buenas, la hacen conocer de sí la bajeza y miseria que en el tiempo de su prosperidad no echaba de ver.

De esto hay buena figura en el Exodo (**33**, **5**), donde, queriendo Dios humillar a los hijos de Israel y que se conociesen les mandó quitar y desnudar el traje y atavío festival con que ordinariamente andaban compuestos en el desierto, diciendo: Ahora ya de aquí adelante despojaos el ornato festival y poneos vestidos comunes y de trabajo, para que sepáis el tratamiento que merecéis; lo cual es como si dijera: Por cuanto el traje que traéis, por ser de fiesta y alegría, os ocasionáis a no sentir de vosotros tan bajamente como vosotros sois, quitaos ya ese traje, para que de aquí adelante, viéndoos vestidos de vilezas, conozcáis que no merecéis más y quién sois vosotros. De donde la verdad, que el alma antes no conocía, de su miseria: porque en el tiempo que andaba como de fiesta, hallando en Dios mucho gusto y consuelo y arrimo, andaba más satisfecha y contenta, pareciéndole que en algo servía a Dios; porque esto, aunque entonces expresamente no lo tenga en sí, a lo menos, en la satisfacción que halla en el gusto, se le asienta algo de ello y ya puesta en estotro traje de trabajo, de sequedad y desamparo, oscurecidas sus primeras luces, tiene más de veras éstas en esta tan excelente y necesaria virtud del conocimiento propio, no se teniendo ya en nada ni teniendo satisfacción ninguna de sí; porque ve que de suyo no hace nada ni puede nada.

Y esta poca satisfacción de sí y desconsuelo que tiene de que no sirve a Dios, tiene y estima Dios en más que todas las obras y gustos primeros que tenía el alma y hacía, por más que ellos fuesen, por cuanto en ellos se ocasionaba para muchas imperfecciones e ignorancias; y de este traje de sequedad, no sólo lo que habemos dicho, sino también los provechos que ahora diremos y muchos más, que se quedarán por decir, nacen, que como de su fuente y origen, del conocimiento propio proceden.

3. Cuanto a lo primero, nácele al alma tratar con Dios con más comedimiento y más cortesía, que es lo que siempre ha de tener el trato con el Altísimo, lo cual en la prosperidad de su gusto y consuelo no hacía; porque aquel sabor gustoso que sentía, hacía ser al apetito acerca de Dios algo más atrevido de lo que bastaba y descortés y mal mirado. Como acaeció a Moisés (Ex. **3**, **2-6**): cuando sintió que Dios le hablaba, cegado de aquel gusto y apetito, sin más consideración, se atrevía a llegar, si no le mandara Dios que se detuviera y descalzara. Por lo cual se denota el respeto y discreción en desnudez de apetito con que se ha de tratar con Dios; de donde, cuando obedeció en esto Moisés, quedó tan puesto en razón y tan advertido, que dice la Escritura que no sólo no se atrevió a llegar, más que ni aun osaba considerar; porque, quitados los zapatos de los apetitos y gustos, conocía su miseria grandemente delante de Dios, porque así le convenía para oír la palabra de Dios.

Como también la disposición que dio Dios a Job para hablar con él, no fueron aquellos deleites y glorias que el mismo Job allí refiere que solía tener en su Dios (Jb. **1**, **1-8**), sino tenerle desnudo en el muladar, desamparado y aun perseguido de sus amigos, lleno de angustia y amargura, y sembrado de gusanos el suelo (**29-30**); y entonces de esta manera se preció el que levanta al pobre del estiércol (Sal. **112**, **7**), el Altísimo Dios, de descender y hablar allí cara a cara con él, descubriéndole las altezas profundas, grandes, de su sabiduría, cual nunca antes había hecho en el tiempo de la prosperidad (Jb. **38-42**).

4. Y así nos conviene notar otro excelente provecho que hay en esta noche y sequedad del sensitivo apetito, pues habemos venido a dar en él, y es: que en esta noche oscura del apetito (porque se verifique lo que dice el profeta (Is. **58**, **10**), es a saber: Lucirá tu luz en las tinieblas), alumbrará Dios al alma, no sólo dándole conocimiento de su bajeza y miseria, como habemos dicho, sino también de la grandeza y excelencia de Dios. Porque, demás de que, apagados los apetitos y gustos y arrimos sensibles, queda limpio y libre el entendimiento para entender la verdad (porque el gusto sensible y apetito, aunque sea de cosas espirituales, ofusca y embaraza el espíritu), y, demás también que aquel aprieto y sequedad del sentido ilustra y aviva el entendimiento, como dice Isaías (**28**, **19**), que (con) la vejación hace entender Dios cómo en el alma vacía y desembarazada, que es lo que se requiere para su divina influencia, sobrenaturalmente por medio de esta noche oscura y seca de contemplación la va, como habemos dicho, instruyendo en su divina sabiduría, lo cual por los jugos y gustos primeros no hacía.

5. Esto da muy bien a entender el mismo profeta Isaías (**28**, **9**), diciendo: ¿A quién enseñará Dios su ciencia y a quién hará oír su audición? A los destetados, dice, de la leche, a los desarrimados de los pechos; en lo cual se da a entender que para esta divina influencia no es la disposición la leche primera de la suavidad espiritual, ni el arrimo del pecho de los sabrosos discursos de las potencias sensitivas que gustaba el alma, sino el carecer de lo uno y desarrimo de lo otro, por cuanto para oír a Dios le conviene al alma estar muy en pie y desarrimada, según el afecto y sentido, como de sí lo dice el profeta (Hab. **2**, **1**), diciendo: Estaré en pie sobre mi custodia, esto es, desarrimado el apetito, y afirmaré el paso, esto es, no discurriré con el sentido, para contemplar, esto es, para entender lo que de parte de Dios se me alegare. De manera que ya tenemos que de esta noche seca sale conocimiento de sí primeramente, de donde, como de fundamento, sale esotro conocimiento de Dios. Que por eso decía san Agustín a Dios: Conózcame yo, Señor, a mí, y conocerte he a ti. Porque, como dicen los filósofos, un extremo se conoce bien por otro.

6. Y para probar más claramente la eficacia que tiene esta noche sensitiva en su sequedad y desabrigo para ocasionar la luz que de Dios decimos recibir aquí el alma, alegaremos aquella autoridad de David (Sal. **62**, **3**) en que da bien a entender la virtud grande que tiene esta noche para este alto conocimiento de Dios. Dice, pues, así: En la tierra desierta, sin agua, seca y sin camino parecí delante de ti para poder ver tu virtud y tu gloria. Lo cual es cosa admirable; que no da aquí a entender David que los deleites espirituales y gustos muchos que él había tenido le fuesen disposición y medio para conocer la gloria de Dios, sino las sequedades y desarrimos de la parte sensitiva, que se entiende aquí por la tierra seca y desierta; y que no diga también que los conceptos y discursos divinos, de que él había usado mucho, fuesen camino para sentir y ver la virtud de Dios, sino el no poder fijar el concepto en Dios, ni caminar con el discurso de la consideración imaginaria, que se entiende aquí por la tierra sin camino. De manera que, para conocer a Dios y a sí mismo, esta noche oscura es el medio con sus sequedades y vacíos, aunque no con la plenitud y abundancia que en la otra del espíritu, porque este conocimiento es como principio de la otra.

7. Saca también el alma en las sequedades y vacíos de esta noche del apetito humildad espiritual, que es la virtud contraria al primer vicio capital que dijimos ser soberbia espiritual; por la cual humildad, que adquiere por el dicho conocimiento propio, se purga de todas aquellas imperfecciones en que caía acerca de aquel vicio de soberbia en el tiempo de su prosperidad. Porque, como se ve tan seca y miserable, ni aun por primer movimiento le parece que va mejor que los otros, ni que los lleva ventaja, como antes hacía; antes, por el contrario, conoce que los otros van mejor.

8. Y de aquí nace el amor del prójimo, porque los estima y no los juzga como antes solía cuando se veía a sí con mucho fervor y a los otros no. Sólo conoce su miseria y la tiene delante de los ojos: tanto, que no la deja ni da lugar para poner los ojos en nadie, lo cual admirablemente David, estando en esta noche, manifiesta, diciendo: Enmudecí y fui humillado y tuve silencio en los bienes y renovóse mi dolor (Sal. **38**, **3**). Esto dice, porque le parecía que los bienes de su alma estaban tan acabados, que no solamente no había ni hallaba lenguaje de ellos, mas acerca de los ajenos también enmudeció con el dolor del conocimiento de su miseria.

9. Aquí también se hacen sujetos y obedientes en el camino espiritual, que, como se ven tan miserables, no sólo oyen lo que los enseñan, mas aun desean que cualquiera los encamine y diga lo que deben hacer; quítaseles la presunción afectiva que en la prosperidad a veces tenían. Y, finalmente, de camino se les barren todas las demás imperfecciones que notamos allí acerca de este vicio primero que es soberbia espiritual.

CAPÍTULO 13

De otros provechos que causa en el alma esta noche del sentido.

1. Acerca de las imperfecciones que en la avaricia espiritual tenía, en que codiciaba unas y otras cosas espirituales y nunca se veía satisfecha el alma de unos ejercicios y otros, con la codicia del apetito y gusto que hallaba en ellos, ahora en esta noche seca y oscura anda bien reformada; porque, como no halla el gusto y sabor que solía, antes halla en ellas sinsabor y trabajo, con tanta templanza usa de ellas, que por ventura podría perder ya por punto de corto como antes perdía por largo. Aunque a los que Dios pone en esta noche comúnmente les da humildad y prontitud, aunque con sinsabor, para que sólo por Dios hagan aquello que se les manda; y desaprovéchanse de muchas cosas porque no hallan gusto en ellas.

2. Acerca de la lujuria espiritual también se ve claro que, por esta sequedad y sinsabor de sentido que halla el alma en las cosas espirituales, se librará de aquellas impurezas que allí notamos; pues, comúnmente, dijimos que procedían del gusto que del espíritu redundaba en el sentido.

3. Pero de las imperfecciones que se libra el alma en esta noche oscura acerca del cuarto vicio, que es la gula espiritual, puédense ver allí, aunque no están allí dichas todas, porque son innumerables; y así yo aquí no las referiré, porque querría ya concluir con esta noche para pasar a la otra, de la cual tenemos grave palabra y doctrina.

Baste, para entender los innumerables provechos que demás de los dichos gana el alma en esta noche acerca de este vicio de la gula espiritual, decir que de todas aquellas imperfecciones que allí quedan dichas se libra, y de otros muchos y mayores males y feas abominaciones que, como digo, allí no están escritas, en que vinieron a dar muchos de que habemos tenido experiencia, por no tener ellos reformado el apetito en esta golosina espiritual. Porque, como Dios en esta seca y oscura noche, en que pone al alma, tiene refrenada la concupiscencia y enfrenado el apetito de manera que no se puede cebar de ningún gusto ni sabor sensible de cosa de arriba ni de abajo, y esto lo va continuando de tal manera que queda impuesta el alma, reformada y emprensada según la concupiscencia y apetito, pierde la fuerza de las pasiones y concupiscencia y se hace estéril, no usándose el gusto, bien así como no acostumbrando a sacar leche de la ubre se secan los cursos de la leche. Y, enjugados así los apetitos del alma, síguense, demás de los dichos, por medio de esta sobriedad espiritual admirables provechos en ella; porque, apagados los apetitos y concupiscencias, vive el alma en paz y tranquilidad espiritual; porque donde no reina apetito y concupiscencia no hay perturbación, sino paz y consuelo de Dios.

4. Sale de aquí otro segundo provecho, y es que trae ordinaria memoria de Dios, con temor y recelo de volver atrás, como queda dicho, en el camino espiritual; el cual es grande provecho y es no de los menores en esta sequedad y purgación del apetito, porque se purifica el alma y limpia de las imperfecciones que se le pegaban por medio de los apetitos y afecciones, que de suyo embotan y ofuscan el ánima.

5. Hay otro provecho muy grande en esta noche para el alma, y es que se ejercita en las virtudes de por junto, como en la paciencia y longanimidad, que se ejercita bien en estos vacíos y sequedades, sufriendo el perseverar en los espirituales ejercicios sin consuelo y sin gusto. Ejercítase la caridad de Dios, pues ya no por el gusto atraído y saboreado que halla en la obra es movido, sino sólo por Dios. Ejercita aquí también la virtud de la fortaleza, porque en estas dificultades y sinsabores que halla en el obrar saca fuerzas de flaquezas, y así se hace fuerte. Y, finalmente, en todas las virtudes, así teologales como cardinales y morales, corporal y espiritualmente se ejercita el alma en estas sequedades.

6. Y que en esta noche consiga el alma estos cuatro provechos que habemos dicho, conviene a saber: delectación de paz, ordinaria memoria y solicitud de Dios, limpieza y pureza del alma y el ejercicio de virtudes que acabamos de decir, dícelo David (Sal. **76**, **4**), como lo experimentó él mismo estando en esta noche, por estas palabras: Mi alma desechó las consolaciones, tuve memoria de Dios y hallé consuelo y ejercitéme, y desfalleció mi espíritu. Y luego dice (v. **7**): Y medité de noche con mi corazón, y ejercitábame, y barría y purificaba mi espíritu, conviene a saber, de todas las afecciones.

7. Acerca de las imperfecciones de los otros tres vicios espirituales que allí dijimos que son ira, envidia y acidia, también en esta sequedad del apetito se purga el alma y adquiere las virtudes a ellas contrarias; porque, ablandada y humillada por estas sequedades y dificultades y otras tentaciones y trabajos en que a vueltas de esta noche Dios la ejercita, se hace mansa para con Dios y para consigo y también para con el prójimo; de manera que ya no se enoja con alteración sobre las faltas propias contra sí, ni sobre las ajenas contra el prójimo, ni acerca de Dios trae disgusto y querellas descomedidas porque no le hace presto bueno.

8. Pues acerca de la envidia, también aquí tiene caridad con los demás; porque, si alguna envidia tiene, no es viciosa como antes solía cuando le daba pena que otros fuesen a él preferidos y que le llevasen la ventaja, porque ya aquí se la tiene dada, viéndose tan miserable como se ve; y la envidia que tiene, si la tiene, es virtuosa, deseando imitarlos, lo cual es mucha virtud.

9. Las acidias y tedios que aquí tiene de las cosas espirituales tampoco son viciosas como antes; porque aquéllos procedían de los gustos espirituales que a veces tenía y pretendía tener cuando no los hallaba; pero estos tedios no proceden de esta flaqueza del gusto, porque se le tiene Dios quitado acerca de todas las cosas en esta purgación del apetito.

10. Demás de estos provechos que están dichos, otros innumerables consigue por medio de esta seca contemplación; porque en medio de estas sequedades y aprietos, muchas veces, cuando menos piensa, comunica Dios al alma suavidad espiritual y amor muy puro y noticias espirituales, a veces muy delicadas, cada una de mayor provecho y precio que cuanto antes gustaba; aunque el alma en los principios no piensa así, porque es muy delicada la influencia espiritual que aquí se da, y no la percibe el sentido.

11. Finalmente, por cuanto aquí el alma se purga de las afecciones y apetitos sensitivos, consigue libertad de espíritu, en que se van granjeando los doce frutos del Espíritu Santo. También aquí admirablemente se libra de las manos de los tres enemigos, mundo, demonio y carne; porque, apagándose el sabor y gusto sensitivo acerca de las cosas, no tiene el demonio, ni el mundo, ni la sensualidad armas ni fuerzas contra el espíritu.

12. Estas sequedades hacen, pues, al alma andar con pureza en el amor de Dios, pues que ya no se mueve a obrar por el gusto y sabor de la obra, como por ventura lo hacía cuando gustaba, sino sólo por dar gusto a Dios. Hácese no presumida ni satisfecha, como por ventura en el tiempo de la prosperidad solía, sino recelosa y temerosa de sí, no teniendo en sí satisfacción ninguna, en lo cual está el santo temor que conserva y aumenta las virtudes. Apaga también esta sequedad las concupiscencias y bríos naturales, como también queda dicho; porque aquí, si no es el gusto que de suyo Dios le infunde algunas veces, por maravilla halla gusto y consuelo sensible por su diligencia en alguna obra y ejercicio espiritual, como ya queda dicho.

13. Crécele en esta noche seca el cuidado de Dios y las ansias por servirle, porque, como se le van enjugando los pechos de la sensualidad, con que sustentaba y criaba los apetitos tras que iba, sólo queda en seco y en desnudo el ansia de servir a Dios, que es cosa para Dios muy agradable, pues, como dice David (Sal. **50**, **19**), el espíritu atribulado es sacrificio para Dios.

14. Como el alma, pues, conoce que en esta purgación seca por donde pasó, sacó y consiguió tantos y tan preciosos provechos como aquí se han referido, no hace mucho en decir, en la canción que vamos declarando, el dicho verso, es a saber: ¡oh dichosa ventura! -salí sin ser notada; esto es: salí de los lazos y sujeción de mis apetitos sensitivos y afecciones, sin ser notada, es a saber, sin que los dichos tres enemigos me lo pudiesen impedir. Los cuales, como habemos dicho, con los apetitos y gustos, así como con lazos, enlazan al alma y la detienen que no salga de sí a la libertad de amor de Dios; sin los cuales ellos no pueden combatir al alma, como queda dicho.

15. De donde, en sosegándose por continua mortificación las cuatro pasiones del alma, que son: gozo, dolor, esperanza y temor, y en durmiéndose en la sensualidad por ordinarias sequedades los apetitos naturales, y en alzando de obra la armonía de los sentidos y potencias interiores, cesando sus operaciones discursivas, como habemos dicho, lo cual es toda la gente y morada de la parte inferior del alma, que es lo que aquí llama su casa, diciendo: Estando ya mi casa sosegada.

CAPÍTULO 14

En que se declara el último verso de la primera canción.

1. Estando ya esta casa de la sensualidad sosegada, esto es, mortificada, sus pasiones apagadas y apetitos sosegados y dormidos por medio de esta dichosa noche de la purgación sensitiva, salió el alma a comenzar el camino y vía del espíritu, que es de los aprovechantes y aprovechados, que, por otro nombre, llaman vía iluminativa o de contemplación infusa, con que Dios de suyo anda apacentando y reficionando al alma, sin discurso ni ayuda activa de la misma alma.

Tal es, como habemos dicho, la noche y purgación del sentido en el alma; la cual, en los que después han de entrar en la otra más grave del espíritu, para pasar a la divina unión de amor (porque no todos, sino los menos, pasan ordinariamente), suele ir acompañada con graves trabajos y tentaciones sensitivas, que duran mucho tiempo, aunque en unos más que en otros. Porque a algunos se les da el ángel de Satanás (**2** Cor. **12**, **7**), que es el espíritu de fornicación, para que les azote los sentidos con abominables y fuertes tentaciones, y les atribule el espíritu con feas advertencias y representaciones más visibles en la imaginación, que a veces les es mayor pena que el morir.

2. Otras veces se les añade en esta noche el espíritu de blasfemia, el cual en todos sus conceptos y pensamientos se anda atravesando con intolerables blasfemias, y a veces con tanta fuerza sugeridas en la imaginación, que casi se las hace pronunciar, que les es grave tormento.

3. Otras veces se les da otro abominable espíritu, que llama Isaías (**19**, **14**) spiritus vertiginis, no porque caigan, sino porque los ejercite; el cual de tal manera les oscurece el sentido, que los llena de mil escrúpulos y perplejidades tan intrincadas al juicio de ellos, que nunca pueden satisfacerse con nada, ni arrimar el juicio a consejo ni concepto; el cual es uno de los más graves estímulos y horrores de esta noche, muy vecino a lo que pasa en la noche espiritual.

4. Estas tempestades y trabajos ordinariamente envía Dios en esta noche y purgación sensitiva a los que, como digo, ha de poner después en la otra, aunque no todos pasan a ella, para que castigados y abofeteados de esta manera se vayan ejercitando y disponiendo y curtiendo los sentidos y potencias para la unión de la Sabiduría que allí les han de dar. Porque si el alma no es tentada, ejercitada y probada con trabajos y tentaciones, no puede avivar su sentido para la sabiduría. Que por eso dijo el Eclesiástico (**34**, **910**): El que no es tentado, ¿qué sabe? Y el que no es probado, ¿cuáles son las cosas que reconoce? De la cual verdad da Jeremías (**31**, **18**) buen testimonio, diciendo: Castigásteme, Señor, y fui enseñado. Y la más propia manera de este castigo para entrar en sabiduría son los trabajos interiores que aquí decimos, por cuanto son de los que más eficazmente purgan el sentido de todos los gustos y consuelos a que con flaqueza natural estaba afectado, y donde es humillada el alma de veras para el ensalzamiento que ha de tener.

5. Pero el tiempo que al alma tengan en este ayuno y penitencia del sentido, cuánto sea, no es cosa cierta decirlo, porque no pasa en todos de una manera ni unas mismas tentaciones; porque esto va medido por la voluntad de Dios conforme a lo más o menos que cada uno tiene de imperfección que purgar; y también, conforme al grado de amor de unión a que Dios la quiere levantar, la humillará más o menos intensamente, o más o menos tiempo. Los que tienen sujeto y más fuerza para sufrir con más intensión, los purga más presto. Porque a los muy flacos con mucha remisión y flacas tentaciones mucho tiempo les lleva por esta noche, dándoles ordinarias refecciones al sentido porque no vuelvan atrás, y tarde llegan a la pureza de perfección en esta vida, y algunos de éstos nunca; que ni bien están en la noche, ni bien fuera de ella; porque, aunque no pasan adelante, para que se conserven en humildad y conocimiento propio, los ejercita Dios algunos ratos y días en aquellas tentaciones y sequedades; y les acude con el consuelo otras veces y temporadas, para que desmayando no se vuelvan a buscar el del mundo. A otras almas más flacas anda Dios con ellas como pareciendo y trasponiendo, para ejercitarlas en su amor, porque sin desvíos no aprendieran a llegarse a Dios.

6. Pero las almas que han de pasar a tan dichoso y alto estado como es la unión de amor, por muy apriesa que Dios las lleve, harto tiempo suelen durar en estas sequedades y tentaciones ordinariamente, como está visto por experiencia.

Tiempo es, pues, de comenzar a tratar de la segunda noche.

LIBRO SEGUNDO

CAPÍTULO 1

Comiénzase a tratar de la noche oscura del espíritu. Dícese a qué tiempo comienza.

1. Un alma que Dios ha de llevar adelante, no luego que sale de las sequedades y trabajos de la primera purgación y noche del sentido, la pone Su Majestad en esta noche de espíritu, antes suele pasar harto tiempo y años en que, salida el alma del estado de principiantes, se ejercita en el de aprovechados, en el cual, así como el que ha salido de una estrecha cárcel, anda en las cosas de Dios con mucha más anchura y satisfacción del alma y con más abundante e interior deleite que hacía a los principios, antes que entrase en la dicha noche, no trayendo atada ya la imaginación y potencias al discurso y cuidado espiritual, como solía; porque con gran facilidad halla luego en su espíritu muy serena y amorosa contemplación y sabor espiritual sin trabajo del discurso. Aunque, como no está bien hecha la purgación del alma, porque falta la principal parte, que es la del espíritu (sin la cual, por la comunicación que hay de la una parte a la otra, por razón de ser un solo supuesto, tampoco la purgación sensitiva, aunque más fuerte haya sido, queda acabada y perfecta), nunca le faltan a veces algunas necesidades, sequedades, tinieblas y aprietos, a veces mucho más intensos que los pasados, que son como presagios y mensajeros de la noche venidera del espíritu; aunque no son éstos durables, como será la noche que espera. Porque, habiendo pasado un rato, o ratos, o días de esta noche y tempestad, luego vuelve a su acostumbrada serenidad; y de esta manera va purgando Dios a algunas almas que no han de subir a tan alto grado de amor como las otras, metiéndolas a ratos interpoladamente en esta noche de contemplación y purgación espiritual, haciendo anochecer y amanecer a menudo, porque se cumpla lo que dice David (Sal. **147**, **17**), que envía su cristal, esto es, su contemplación, como a bocados. Aunque estos bocados de oscura contemplación nunca son tan intensos como lo es aquella horrenda noche de la contemplación que habemos de decir, en que de propósito pone Dios al alma para llevarla a la divina unión.

2. Este sabor, pues, y gusto interior que decimos, que con abundancia y facilidad hallan y gustan estos aprovechantes en su espíritu, con mucha más abundancia que antes se les comunica, redundando de ahí en el sentido más que solía antes de esta sensible purgación; que, por cuanto él está ya más puro, con más facilidad puede sentir los gustos del espíritu a su modo. Y como, en fin, esta parte sensitiva del alma es flaca e incapaz para las cosas fuertes del espíritu, de aquí es que estos aprovechados, a causa de esta comunicación espiritual que se hace en la parte sensitiva, padecen en ella muchas debilitaciones y detrimentos y flaquezas de estómago, y en el espíritu, consiguientemente, fatigas; porque, como dice el Sabio (Sab. **9**, **15**): El cuerpo que se corrompe, agrava el alma. De aquí es que las comunicaciones de éstos no pueden ser muy fuertes, ni muy intensas, ni muy espirituales, cuales se requieren para la divina unión con Dios, por la flaqueza y corrupción de la sensualidad que participa en ellas.

De aquí vienen los arrobamientos y traspasos y descoyuntamientos de huesos, que siempre acaecen cuando las comunicaciones no son puramente espirituales, esto es, al espíritu sólo, como son las de los perfectos, purificados ya por la noche segunda del espíritu, en las cuales cesan ya estos arrobamientos y tormentos del cuerpo, gozando ellos de la libertad del espíritu, sin que se anuble ni trasponga el sentido.

3. Y, porque se entienda la necesidad que éstos tienen de entrar en esta noche de espíritu, notaremos aquí algunas imperfecciones y peligros que tienen estos aprovechados.

CAPÍTULO 2

Prosigue en otras imperfecciones que tienen estos aprovechados.

1. Dos maneras de imperfecciones tienen estos aprovechados: unas son habituales, otras actuales.

Las habituales son las afecciones y hábitos imperfectos que todavía, como raíces, han quedado en el espíritu, donde la purgación del sentido no pudo llegar; en la purgación de los cuales la diferencia que hay a estotra, es la que de la raíz a la rama, o sacar una mancha fresca o una muy asentada y vieja. Porque, como dijimos, la purgación del sentido sólo es puerta y principio de contemplación para la del espíritu, que, como también habemos dicho, más sirve de acomodar el sentido al espíritu, que de unir el espíritu con Dios. Mas todavía se quedan en el espíritu las manchas del hombre viejo, aunque a él no se le parece, ni las echa de ver; las cuales si no salen por el jabón y fuerte lejía de la purgación de esta noche, no podrá el espíritu venir a pureza de unión divina.

2. Tienen éstos también la hebetudo mentis y la rudeza natural que todo hombre contrae por el pecado, y la distracción y exterioridad del espíritu; lo cual conviene que se ilustre, clarifique y recoja por la penalidad y aprieto de aquella noche. Estas habituales imperfecciones, todos los que no han pasado de este estado de aprovechados las tienen; las cuales no pueden estar, como decimos, con el estado perfecto de unión por amor.

3. En las actuales no caen todos de una manera. Mas algunos, como traen estos bienes espirituales tan afuera y tan manuales en el sentido, caen en mayores inconvenientes y peligros que a los principios dijimos. Porque, como ellos hallan tan a manos llenas tantas comunicaciones y aprehensiones espirituales al sentido y espíritu, donde muchas veces ven visiones imaginarias y espirituales (porque todo esto, con otros sentimientos sabrosos, acaece a muchos de éstos en este estado, en lo cual el demonio y la propia fantasía muy ordinariamente hace trampantojos al alma), y como con tanto gusto suele imprimir y sugerir el demonio al alma las aprensiones dichas y sentimientos, con grande facilidad la embelesa y engaña, no teniendo ella cautela para resignarse y defenderse fuertemente en fe de estas visiones y sentimientos.

Porque aquí hace el demonio a muchos creer visiones vanas y profecías falsas; aquí en este puesto les procura hacer presumir que habla Dios y los santos con ellos, y creen muchas veces a su fantasía; aquí los suele llenar el demonio de presunción y soberbia, y, atraídos de la vanidad y arrogancia, se dejan ser vistos en actos exteriores que parezcan de santidad, como son arrobamientos y otras apariencias. Hácense así atrevidos a Dios, perdiendo el santo temor, que es llave y custodia de todas las virtudes; y tantas falsedades y engaños suelen multiplicarse en algunos de éstos, y tanto se envejecen en ellos, que es muy dudosa la vuelta de ellos al camino puro de la virtud y verdadero espíritu. En las cuales miserias vienen a dar, comenzando a darse con demasiada seguridad a las aprensiones y sentimientos espirituales, cuando comenzaban a aprovechar en el camino.

4. Había tanto que decir de las imperfecciones de éstos y de cómo les son más incurables por tenerlas ellos por más espirituales que las primeras, que lo quiero dejar. Sólo digo, para fundar la necesidad que hay de la noche espiritual, que es la purgación para el que ha de pasar adelante, que a lo menos ninguno de estos aprovechados, por bien que le hayan andado las manos, deja de tener muchas de aquellas afecciones naturales y hábitos imperfectos, que dijimos primero ser necesario preceder purificación para pasar a la divina unión.

5. Y, demás de esto, lo que arriba dejamos dicho, es a saber: que, por cuanto todavía participa la parte inferior en estas comunicaciones espirituales, no pueden ser tan intensas, puras y fuertes como se requieren para la dicha unión; por tanto, para venir a ella, conviénele al alma entrar en la segunda noche del espíritu, donde desnudando al sentido y espíritu perfectamente de todas estas aprensiones y sabores, le han de hacer caminar en oscura y pura fe, que es propio y adecuado medio por donde el alma se une con Dios, según por Oseas (**2**, **20**) lo dice, diciendo: Yo te desposaré, esto es, te uniré conmigo, por fe.

CAPÍTULO 3

Anotación para lo que se sigue.

1. Estando ya, pues, estos (espirituales) ya aprovechados, por el tiempo que han pasado cebando los sentidos con dulces comunicaciones, para que así atraída y saboreada del espiritual gusto la parte sensitiva, que del espíritu le manaba, se aunase y acomodase en uno con el espíritu, (están) comiendo cada uno en su manera de un mismo manjar espiritual en un mismo plato de un solo supuesto y sujeto, para que así ellos, en alguna manera juntos y conformes en uno, juntos estén dispuestos para sufrir la áspera y dura purgación del espíritu que les espera. Porque en ella se han de purgar cumplidamente estas dos partes del alma, espiritual y sensitiva, porque la una nunca se purga bien sin la otra, porque la

purgación válida para el sentido es cuando de propósito comienza la del espíritu. De donde la noche que habemos dicho del sentido, más se puede y debe llamar cierta reformación y enfrenamiento del apetito que purgación. La causa es porque todas las imperfecciones y desórdenes de la parte sensitiva tienen su fuerza y raíz en el espíritu, donde se sujetan todos los hábitos buenos y malos, y así, hasta que éstos se purgan, las rebeliones y siniestros del sentido no se pueden bien purgar.

2. De donde en esta noche que se sigue se purgan entrambas partes juntas, que éste es el fin porque convenía haber pasado por la reformación de la primera noche y la bonanza que de ello salió, para que, aunado con el espíritu el sentido, en cierta manera se purgue y padezca aquí con más fortaleza, porque para tan fuerte y dura purga es menester (disposición) tan grande; que, sin haber reformádose antes la flaqueza de la parte inferior y cobrado fortaleza en Dios por el dulce y sabroso trato que con él después tuvo, ni tuviera fuerza ni disposición el natural para sufrirla.

3. Por tanto, porque estos aprovechados todavía el trato y operaciones que tienen con Dios son muy bajas y muy naturales, a causa de no tener purificado e ilustrado el oro del espíritu; por lo cual todavía entienden de Dios como pequeñuelos, y saben y sienten de Dios como pequeñuelos, según dice san Pablo (**1** Cor. **13**, **11**), por no haber llegado a la perfección, que es la unión del alma con Dios; por la cual unión ya, como grandes, obran grandezas en su espíritu, siendo ya sus obras y potencias más divinas que humanas, como después se dirá. Queriendo Dios desnudarlos de hecho de este viejo hombre y vestirlos del nuevo, que según Dios es criado en la novedad del sentido, que dice el Apóstol (Cl. **3**, **10**), desnúdales las potencias y afecciones y sentidos, así espirituales como sensitivos, así exteriores como interiores, dejando a oscuras el entendimiento, y la voluntad a secas, y vacía la memoria, y las afecciones del alma en suma aflicción, amargura y aprieto, privándola del sentido y gusto que antes sentía de los bienes espirituales, para que esta privación sea uno de los principios que serequiere en el espíritu para que se introduzca y una en él la forma espiritual del espíritu, que es la unión de amor.Todo lo cual obra el Señor en ella por medio de una pura y oscura contemplación, como el alma lo da a entender por la primera canción. La cual, aunque está declarada al propósito de la primera noche del sentido, principalmente la entiende el alma por esta segunda del espíritu, por ser la principal parte de la purificación del alma. Y así, a este propósito la pondremos y declararemos aquí otra vez.

CAPÍTULO 4

Pónese la primera canción y su declaración.

CANCIÓN 1ª

En una noche oscura,

con ansias, en amores inflamada,

¡oh dichosa ventura!,

salí sin ser notada

estando ya mi casa sosegada.

DECLARACIÓN

1. Entendiendo ahora esta canción a propósito de la purgación contemplativa, o desnudez y pobreza de espíritu, que todo aquí casi es una misma cosa, podémosla declarar en esta manera, y que dice el alma así:

En pobreza, desamparo y desarrimo de todas las aprensiones de mi alma, esto es, en oscuridad de mi entendimiento y aprieto de mi voluntad, en afición y angustia acerca de la memoria, dejándome a oscuras en pura fe (la cual es noche oscura para las dichas potencias naturales) sólo la voluntad tocada de dolor y aflicciones y ansias de amor de Dios, salí de mí misma, esto es, de mi bajo modo de entender, y de mi flaca suerte de amar, y de mi pobre y escasa manera de gustar de Dios, sin que la sensualidad ni el demonio me lo estorben.

2. Lo cual fue grande dicha y buena ventura para mí; porque, en acabándose de aniquilarse y sosegarse las potencias, pasiones, apetitos y afecciones de mi alma, con que bajamente sentía y gustaba de Dios, salí del trato y operación humana mía a operación y trato de Dios, es a saber:

Mi entendimiento salió de sí, volviéndose de humano y natural en divino; porque, uniéndose por medio de esta purgación con Dios, ya no entiende por su vigor y luz natural, sino por la divina Sabiduría con que se unió.

Y mi voluntad salió de sí, haciéndose divina, porque, unida con el divino amor, ya no ama bajamente con su fuerza natural, sino con fuerza y pureza del Espíritu Santo; y así la voluntad acerca de Dios no obra humanamente.

Y, ni más ni menos, la memoria se ha trocado en aprensiones eternas de gloria.

Y, finalmente, todas las fuerzas y afectos del alma, por medio de esta noche y purgación del viejo hombre, todas se renuevan en temples y deleites divinos. Síguese el verso: En una noche oscura.

CAPÍTULO 5

Pónese el primer verso y comienza a declarar cómo esta contemplación oscura no sólo es noche para el alma, sino también pena y tormento.

1. Esta noche oscura es una influencia de Dios en el alma, que la purga de sus ignorancias e imperfecciones habituales, naturales y espirituales, que llaman los contemplativos contemplación infusa o mística teología, en que de secreto enseña Dios al alma y la instruye en perfección de amor, sin ella hacer nada ni entender cómo. Esta contemplación infusa, por cuanto es sabiduría de Dios amorosa, hace dos principales efectos en el alma, porque la dispone purgándola e iluminándola para la unión de amor de Dios.

De donde la misma sabiduría amorosa que purga los espíritus bienaventurados ilustrándolos es la que aquí purga al alma y la ilumina.

2. Pero es la duda: ¿por qué, pues es lumbre divina, que, como decimos, ilumina y purga el alma de sus ignorancias, la llama aquí el alma noche oscura? A lo cual se responde que por dos casas es esta divina Sabiduría no sólo noche y tiniebla para el alma, mas también pena y tormento: la primera es por la alteza de la Sabiduría divina, que excede al talento del alma, y en esta manera le es tiniebla; la segunda, por la bajeza e impureza de ella, y de esta manera le es penosa y aflictiva, y también oscura.

3. Para probar la primera conviene suponer cierta doctrina del Filósofo, que dice que cuanto las cosas divinas son en sí más claras y manifiestas, tanto más son al alma oscuras y ocultas naturalmente; así como la luz, cuanto más clara es, tanto más ciega y oscurece la pupila de la lechuza, y cuanto el sol se mira más de lleno, más tinieblas causa a la potencia visiva y la priva, excediéndola por su flaqueza.

De donde, cuando esta divina luz de contemplación embiste en el alma que aún no está ilustrada totalmente, le hace tinieblas espirituales, porque no sólo la excede, pero también la priva y oscurece el acto de su inteligencia natural. Que por esta causa san Dionisio y otros místicos teólogos llaman a esta contemplación infusa rayo de tiniebla, conviene a saber, para el alma no ilustrada y purgada, porque de su gran luz sobrenatural es vencida la fuerza natural intelectiva y privada.

Por lo cual David (Sal. **96**, **2**) también dijo que cerca de Dios y en rededor de él está oscuridad y nube; no porque en sí ello sea así, sino para nuestros entendimientos flacos, que en tan inmensa luz se oscurecen y quedan ofuscados, no alcanzando. Que por eso el mismo David (Sal. **17**, **13**) lo declaró luego, diciendo: Por el gran resplandor de su presencia se atravesaron nubes, es a saber, entre Dios y nuestro entendimiento. Y ésta es la causa por que, en derivando de sí Dios al alma que aún no está transformada este esclarecido rayo de su sabiduría secreta, le hace tinieblas oscuras en el entendimiento.

4. Y que esta oscura contemplación también le sea al alma penosa a estos principios, está claro; porque, como esta divina contemplación infusa tiene muchas excelencias en extremo buenas y el alma que las recibe, por no estar purgada, tiene muchas miserias también en extremo malas, de aquí es que, no pudiendo caber dos contrarios en el sujeto del alma, de necesidad haya de penar y padecer el alma, siendo ella el sujeto en que contra sí se ejercitan estos dos contrarios, haciendo los unos contra los otros, por razón de la purgación que de las imperfecciones del alma por esta contemplación se hace. Lo cual probaremos por inducción en esta manera.

5. -Cuanto a lo primero, porque la luz y sabiduría de esta contemplación es muy clara y pura y el alma en que ella embiste está oscura e impura, de aquí es que pena mucho el alma recibiéndola en sí, como cuando los ojos están de mal humor impuros y enfermos, del embestimiento de la clara luz reciben pena.

Y esta pena en el alma, a causa de su impureza, es inmensa cuando de veras es embestida de esta divina luz, porque embistiéndose en el alma esta luz pura a fin de expeler la impureza del alma, siéntese el alma tan impura y miserable que le parece estar Dios contra ella y que ella está hecha contraria a Dios. Lo cual es de tanto sentimiento y pena para el alma, porque le parece aquí que la ha Dios arrojado, que uno de los mayores trabajos que sentía Job (**7**, **20**) cuando Dios le tenía en este ejercicio, era éste, diciendo: ¿Por qué me has puesto contrario a ti, y soy grave y pesado para mí mismo? Porque viendo el alma claramente aquí por medio de esta pura luz, aunque a oscuras, su impureza, conoce claro que no es digna de Dios ni de criatura alguna. Y lo que más le pena es que piensa que nunca lo será, y que ya se le acabaron sus bienes. Esto le causa la profunda inmersión que tiene de la mente en el conocimiento y sentimiento de sus males y miserias; porque aquí se las muestra todas al ojo esta divina y oscura luz, y que vea claro cómo de suyo no podrá tener ya otra cosa. Podemos entender a este sentido aquella autoridad de David (Sal. **38**, **12**), que dice: Por la iniquidad corregiste al hombre, e hiciste deshacer y contabescer su alma; como la araña se desentraña.

6. -La segunda manera en que pena el alma es causa de su flaqueza natural, moral y espiritual; porque, como esta divina contemplación embiste en el alma con alguna fuerza, al fin de la ir fortaleciendo y domando, de tal manera pena en su flaqueza, que poco menos desfallece, particularmente algunas veces cuando con alguna más fuerza embiste. Porque el sentido y espíritu, así como si estuviese debajo de una inmensa y oscura carga, está penando y agonizando tanto, que tomaría por alivio y partido el morir. Lo cual habiendo experimentado el profeta Job (**23**, **6**), decía: No quiero que trate conmigo con mucha fortaleza, porque no me oprima con el peso de su grandeza.

7. En la fuerza de esta opresión y peso se siente el alma tan ajena de ser favorecida, que le parece, y así es, que aun en lo que solía hallar algún arrimo se acabó con lo demás, y que no hay quien se compadezca de ella. A cuyo propósito dice también Job (**19**, **21**): Compadeceos de mí, a lo menos vosotros mis amigos, porque me ha tocado la mano del Señor.

¡Cosa de grande maravilla y lástima que sea aquí tanta la flaqueza e impureza del alma, que, siendo la mano de Dios de suyo tan blanda y suave, la sienta el alma aquí tan grave y contraria, con no cargar ni asentar, sino solamente tocando, y eso misericordiosamente, pues lo hace a fin de hacer mercedes al alma, y no de castigarla!

CAPÍTULO 6

De otras maneras de pena que el alma padece en esta noche.

1. - La tercera manera de pasión y pena que el alma aquí padece es a causa de otros dos extremos, conviene a saber, divino y humano, que aquí se juntan. El divino es esta contemplación purgativa, y el humano es sujeto del alma. Que como el divino embiste a fin de renovarla para hacerla divina, desnudándola de las afecciones habituales y propiedades del hombre viejo, en que ella está muy unida, conglutinada y conformada, de tal manera la destrica y descuece la sustancia espiritual, absorbiéndola en una profunda y honda tiniebla, que el alma se siente estar deshaciendo y derritiendo en la haz y vista de sus miserias con muerte de espíritu cruel; así como si, tragada de una bestia, en su vientre tenebroso se sintiese estar digiriendo, padeciendo estas angustias como Jonás (**2**, **1**) en el vientre de aquella marina bestia. Porque en este sepulcro de osctra muerte la conviene estar para la espiritual resurrección que espera.

2. La manera de esta pasión y pena, aunque de verdad ella es sobre manera, descríbela David (Sal. **17**, **5-7**), diciendo:

Cercáronme los gemidos de la muerte, los dolores del infierno me rodearon, en mi tribulación clamé.

Pero lo que esta doliente alma aquí más siente, es parecerle claro que Dios la ha desechado y, aborreciéndola, arrojado en las tinieblas, que para ella es grave y lastimera pena creer que la ha dejado Dios. La cual también David, sintiéndola mucho en este caso, dice (Sal. **87**, **6-8**): De la manera que los llagados están muertos en los sepulcros, dejados ya de tu mano, de que no te acuerdas más, así me pusieron a mí en el lago más hondo e inferior en tenebrosidades y sombra de muerte, y está sobre mi confirmado tu furor, y todas tus olas descargaste sobre mí. Porque, verdaderamente, cuando esta contemplación purgativa aprieta, sombra de muerte y gemidos de muerte y dolores de infierno siente el alma muy a lo vivo, que consiste en sentirse sin Dios y castigada y arrojada e indigna de él, y que está enojado, que todo se siente aquí; y más, que le parece que ya es para siempre.

3. Y el mismo desamparo siente de todas las criaturas y desprecio acerca de ellas, particularmente de los amigos. Que por eso prosigue luego David (Sal. **87**, **9**), diciendo: Alejaste de mí mis amigos y conocidos; tuviéronme por abominación. Todo lo cual, como quien tan bien lo experimentó en el vientre de la bestia corporal y espiritualmente, testifica bien Jonás (**2**, **4-7**), diciendo así: Arrojásteme al profundo en el corazón de la mar, y la corriente me cercó; todos sus golfos y olas pasaron sobre mí y dije: arrojado estoy de la presencia de tus ojos; pero otra vez veré tu santo templo (lo cual dice, porque aquí purifica Dios al alma para verlo); cercáronme las aguas hasta el alma, el abismo me ciñó, el piélago me cubrió mi cabeza, a los extremos de los montes descendí; los cerrojos de la tierra me encerraron para siempre. Los cuales cerrojos se entienden aquí a este propósito por las imperfecciones del alma, que la tienen impedida que no goce esta sabrosa contemplación.

4.- La cuarta manera de pena causa en el alma otra excelencia de esta oscura contemplación, que es la majestad y grandeza de ella, la cual hace sentir en el alma otro extremo que hay en ella de íntima pobreza y miseria; la cual es de las principales penas que padece en esta purgación. Porque siente en sí un profundo vacío y pobreza de tres maneras de bienes que se ordenan al gusto del alma, que son temporal, natural y espiritual, viéndose puesta en los males contrarios, conviene a saber: miserias de imperfecciones, sequedades y vacíos de las aprensiones de las potencias y desamparo del espíritu en tiniebla. Que, por cuanto aquí purga Dios al alma según la sustancia sensitiva y espiritual y según las potencias interiores y exteriores, conviene que el alma sea puesta en vacío y pobreza y desamparo de todas estas partes, dejándola seca, vacía y en tinieblas; porque la parte sensitiva se purifica en sequedad, y las potencias en su vacío de sus aprensiones, y el espíritu en tiniebla oscura.

5. Todo lo cual hace Dios por medio de esta oscura contemplación; en la cual no sólo padece el alma el vacío y suspensión de estos arrimos naturales y aprensiones, que es un padecer muy congojoso, de manera que si a uno suspendiesen o detuviesen en el aire, que no respirase, mas también está purgando el alma, aniquilando y vaciando o consumiendo en ella, así como hace el fuego al orín y moho del metal, todas las afecciones y hábitos imperfectos que ha contraído toda la vida. Que, por estar ellos muy arraigados en la sustancia del alma, sobrepadece grave deshacimiento y tormento interior, demás de la dicha pobreza y vacío natural y espiritual, para que se verifique aquí la autoridad de Ezequiel que dice: Juntaré los huesos, y encenderlos he en fuego, consumirse han las carnes y cocerse ha toda la composición, y deshacerse han los huesos (Ez. **24**, **10**). En lo cual se entiende la pena que padece en el vacío y pobreza de la sustancia del alma sensitiva y espiritual. Y sobre esto dice luego (**24**, **11**): Ponedla también así vacía sobre las ascuas, para que se caliente y se derrita su metal, y se deshaga en medio de ella su inmundicia y sea consumido su moho. En lo cual se da a entender la grave pasión que el alma aquí padece en la purgación del fuego de esta contemplación, pues dice el profeta que para que se purifique y deshaga el orín de las afecciones que están en medio del alma, es menester en cierta manera que ella misma se aniquile y deshaga, según está ennaturalizada en estas pasiones e imperfecciones.

6. De donde, porque en esta fragua se purifica el alma como el oro en el crisol, según el Sabio dice (Sab. **3**, **6**), siente este grande deshacimiento en la misma sustancia del alma, con extremada pobreza, en que está como acabando, como se puede ver por lo que a este propósito dijo David (Sal. **68**, **2-4**) por estas palabras, clamando a Dios: Sálvame, Señor, porque han entrado las aguas hasta el alma mía; fijado estoy en el limo del profundo, y no hay donde me sustente; vine hasta el profundo del mar, y la tempestad me anegó; trabajé clamando, enronqueciéronseme mis gargantas, desfallecieron mis ojos en tanto que espero en mi Dios.En esto humilla Dios mucho al alma para ensalzarla mucho después y, si él no ordenase que estos sentimientos, cuando se avivan en el alma, se adormeciesen presto, moriría muy en breves días; mas son interpolados los ratos en que se siente su íntima viveza. Lo cual algunas veces se siente tan a lo vivo, que la parece al alma que ve abierto el infierno y la perdición. Porque de éstos son los que de veras descienden al infierno viviendo (Sal. **54**, **16**), pues aquí se purgan a la manera que allí; porque esta purgación es la que allí se había de hacer. Y así el alma que por aquí pasa, o no entra en aquel lugar, o se detiene allí muy poco, porque aprovecha más una hora aquí que muchas allí.

CAPÍTULO 7

Prosigue en la misma materia de otras aflicciones y aprietos de la voluntad.

1. Las aflicciones de la voluntad y aprietos son aquí también inmensos y de manera que algunas veces traspasan al alma en la súbita memoria de los males en que se ve, con la incertidumbre de su remedio. Y añádese a esto la memoria de las prosperidades pasadas; porque éstos, ordinariamente, cuando entran en esta noche, han tenido muchos gustos en Dios y héchole muchos servicios, y esto les causa más dolor, ver que están ajenos de aquel bien y que ya no pueden entrar en él. Esto dice Job (**16**, **13**-**17**), también como lo experimentó por aquellas palabras: Yo, aquél que solía ser opulento y rico, de repente estoy deshecho y contrito; asióme la cerviz, quebrantóme y púsome como señuelo suyo para herir en mí; cercóme con sus lanzas, llagó todos mis lomos, no perdonó, derramó en la tierra mis entrañas, rompióme como llaga sobre llaga; embistió en mí como fuerte gigante; cosí saco sobre mi piel, y cubrí con ceniza mi carne; mi rostro se ha hinchado en llanto y cegádose mis ojos.

2. Tantas y tan graves son las penas de esta noche, y tantas autoridades hay en la Escritura que a este propósito se podrían alegar, que nos faltaría tiempo y fuerzas escribiendo, porque sin duda todo lo que se puede decir es menos. Por las autoridades ya dichas se podrá barruntar algo de ello.

Y para ir concluyendo con este verso y dando a entender más lo que obra en el alma esta noche, diré lo que en ella siente Jeremías (Lm. **3**, **1**-**20**), la cual por ser tanto, lo dice y llora él por muchas palabras en esta manera: Yo, varón, que veo mi pobreza en la vara de su indignación, hame amenazado, y trájome a las tinieblas, y no a la luz. ¡Tanto ha vuelto y convertido su manos sobre mí todo el día! Hizo vieja mi piel y mi carne, desmenuzó mis huesos; en rededor de mí hizo cerca, y cercóme de hiel y de trabajo; en tenebrosidades me colocó, como muertos sempiternos. Cercó en rededor contra mí porque no salga, agravóme las prisiones. Y también, cuando hubiere clamado y rogado, ha excluido mi oración.

Cerrádome ha mis salidas y vías con piedras cuadradas: desbaratóme mis pasos. Oso acechador es hecho para mí, león en escondrijos. Mis pisadas trastornó y desmenuzóme, púsome desamparada, extendió su arco, y púsome a mi como señuelo a su saeta. Arrojó a mis entrañas las hijas de su aljaba. Hecho soy para escarnio de todo el pueblo, y para risa y mofa de ellos todo el día.

Llenádome ha de amarguras, embriagóme con absintio. Por número me quebrantó mis dientes, apacentóme con ceniza. Arrojada está mi alma de la paz, olvidado estoy de los bienes. Y dije: frustrado y acabado está mi fin y pretensión y mi esperanza del Señor.

Acuérdate de mi pobreza y de mi exceso, del absintio y de la hiel.

Acordarme he con memoria, y mi alma en mí se deshará en penas.

3. Todos estos llantos hace Jeremías sobre este trabajo, en que pinta muy al vivo las pasiones del alma en esta purgación y noche espiritual. De donde grande compasión conviene tener al alma que Dios pone en esta tempestuosa y horrenda noche;

porque, aunque le corre muy buena dicha por los grandes bienes que de ella le han de nacer cuando, como dice Job (**12**, **22**), levantare Dios en el alma de las tinieblas profundos bienes y produzca en luz la sombra de muerte, de manera que, como dice David (Sal. **138**, **12**), venga a ser su luz como fueron sus tinieblas; con todo eso, con la inmensa pena con que anda penando, y por la grande incertidumbre que tiene de su remedio (pues cree, como aquí dice este profeta, que no ha de acabarse su mal, pareciéndole, como también dice David (Sal. **142**, **3**), que la colocó Dios en las oscuridades, como los muertos del siglo, angustiándose por esto en ella su espíritu, y turbándose en ella su corazón), es de haberle gran dolor y lástima.

Porque se añade a esto, a causa de la soledad y desamparo que en esta oscura noche la causa, no hallar consuelo ni arrimo en ninguna doctrina ni en maestro espiritual; porque, aunque por muchas vías le testifique las causas del consuelo que puede tener por los bienes que hay en estas penas, no lo puede creer. Porque, como ella está tan embebida e inmersa en aquel sentimiento de males en que ve tan claramente sus miserias, parécele que, como ellos no ven lo que ella ve y siente, no la entendiendo dicen aquello, y, en vez de consuelo, antes recibe nuevo dolor, pareciéndole que no es aquél el remedio de su mal, y a la verdad así es. Porque hasta que el Señor acabe de purgarla de la manera que él lo quiere hacer, ningún medio ni remedio le sirve ni aprovecha para su dolor; cuánto más, que puede el alma tan poco en este puesto como el que tienen aprisionado en una oscura mazmorra atado de pies y manos, sin poderse mover ni ver, ni sentir algún favor de arriba ni de abajo, hasta que aquí se humille, ablande y purifique el espíritu, y se ponga tan sutil y sencillo y delgado, que pueda hacerse uno con el espíritu de Dios, según el grado que su misericordia quisiere concederle de unión de amor, que conforme a esto es la purgación más o menos fuerte y de más o menos tiempo.

4. Mas, si ha de ser algo de veras, por fuerte que sea, dura algunos años; puesto que en estos medios hay interpolaciones de alivios, en que por dispensación de Dios, dejando esta contemplación oscura de embestir en forma y modo purgativo, embiste iluminativa y amorosamente, en que el alma, bien como salida de tal mazmorra y tales prisiones, y puesta en recreación de anchura y libertad, siente y gusta gran suavidad de paz y amigabilidad amorosa con Dios con abundancia fácil de comunicación espiritual.

Lo cual es al alma indicio de la salud que va en ella obrando la dicha purgación y prenuncio de la abundancia que espera. Y aún, que esto es tanto a veces, que le parece al alma que son acabados ya sus trabajos. Porque de esta cualidad son las cosas espirituales en el alma, cuando son más puramente espirituales, que, cuando son trabajos, le parece al alma que nunca han de salir de ellos, y que se le acabaron ya los bienes, como se ha visto por las autoridades alegadas; y, cuando son bienes espirituales, también le parece al alma que ya se acabaron sus males, y que no le faltarán ya los bienes, como David (Sal. **29**, **7**), viéndose en ellos, lo confesó, diciendo: Yo dije en mi abundancia: No me moveré para siempre.

5. Y esto acaece porque la posesión actual de un contrario en el espíritu, de suyo remueve la actual posesión y sentimiento del otro contrario; lo cual no acaece así en la parte sensitiva del alma, por ser flaca de aprensión. Mas, como quiera que el espíritu aún no está aquí bien purgado y limpio de las afecciones que de la parte inferior tiene contraídas, aunque en cuanto espíritu no se mude, en cuanto está afectado con ellas se podrá mudar en penas, como vemos que después se mudó David (Sal. **29**, **7**), sintiendo muchos males y penas, aunque en el tiempo de su abundancia le había parecido y dicho que no se había de mover jamás. Así el alma, como entonces se ve actuada con aquella abundancia de bienes espirituales, no echando de ver la raíz de imperfección e impureza que todavía le queda, piensa que se acabaron sus trabajos.

6. Mas este pensamiento las menos veces acaece, porque, hasta que está acabada de hacer la purificación espiritual, muy raras veces suele ser la comunicación suave tan abundante que le cubra la raíz que queda, de manera que deje el alma de sentir allá en el interior un no sé qué que le falta o que está por hacer, que no le deja cumplidamente gozar de aquel alivio, sintiendo ella dentro como un enemigo suyo, que, aunque está como sosegado y dormido, se recela que volverá a revivir y hacer de las suyas. Y así es que, cuando más segura está y menos se cata, vuelve a tragar y absorber el alma en otro grado peor y más duro, oscuro y lastimero que el pasado, el cual dura otra temporada, por ventura más larga que la primera. Y aquí el alma otra vez viene a creer que todos los bienes están acabados para siempre; que no le basta la experiencia que tuvo del bien pasado que gozó después del primer trabajo, en que también pensaba que ya no había más que penar, para dejar de creer en este segundo grado de aprieto que estaba ya todo acabado y que no volverá como la vez pasada. Porque, como digo, esta creencia tan confirmada se causa en el alma de la actual aprensión del espíritu, que aniquila en él todo lo que a ella es contrario.

7. Esta es la causa por que los que yacen en el purgatorio padecen grandes dudas de que han de salir de allí jamás y de que se han de acabar sus penas. Porque, aunque habitualmente tienen las tres virtudes teologales, que son fe, esperanza y caridad, la actualidad que tienen del sentimiento de las penas y privación de Dios, no les deja gozar del bien actual y consuelo de estas virtudes. Porque, aunque ellos echan de ver que quieren bien a Dios, no les consuela esto; porque les parece que no les quiere Dios a ellos ni que de tal cosa son dignos; antes, como se ven privados de él, puestos en sus miserias, paréceles que tienen muy bien en sí por qué ser aborrecidos y desechados de Dios con mucha razón para siempre.

Y así, el alma en esta purgación, aunque ella ve que quiere bien a Dios y que daría mil vidas por él (como es así la verdad, porque en estos trabajos aman con muchas veras estas almas a su Dios), con todo no le es alivio esto, antes le causa más pena; porque, queriéndole ella tanto, que no tiene otra cosa que le dé cuidado, como se ve tan mísera, no pudiendo creer que Dios la quiere a ella, ni que tiene ni tendrá jamás por qué, sino antes tiene por qué ser aborrecida, no sólo de él, sino de toda criatura para siempre, duélese de ver en sí causas por que merezca ser desechada de quien ella tanto quiere y desea.

CAPÍTULO 8

De otras penas que afligen al alma en este estado.

1. Pero hay aquí otra cosa que al alma aqueja y desconsuela mucho, y es que, como esta oscura noche la tiene impedidas las potencias y afecciones, ni puede levantar afecto ni mente a Dios, ni le puede rogar, pareciéndole lo que a Jeremías (Lm. **3**, **44**), que ha puesto Dios una nube delante porque no pase la oración. Porque esto quiere decir lo que en la autoridad alegada (Lm. **3**, **9**) dice, es saber: Atrancó y cerró mis vías con piedras cuadradas. Y si algunas veces ruega, es tan sin fuerza y sin jugo, que le parece que ni lo oye Dios ni hace caso de ello, como también este profeta da a entender en la misma autoridad (Lm. **3**, **8**), diciendo: Cuando clamare y rogare, ha excluido mi oración. A la verdad no es éste tiempo de hablar con Dios, sino de poner, como dice Jeremías (Lm. **3**, **29**), su boca en el polvo, si por ventura le viniese alguna actual esperanza, sufriendo con paciencia su purgación. Dios es el que anda aquí haciendo pasivamente la obra en el alma; por eso ella no puede nada. De donde ni rezar ni asistir con advertencia a las cosas divinas puede, ni menos en las demás cosas y tratos temporales. Tiene no sólo esto, sino también muchas veces tales enajenamientos y tan profundos olvidos en la memoria, que se le pasan muchos ratos sin saber lo que se hizo ni qué pensó, ni qué es lo que hace ni qué va a hacer, ni puede advertir, aunque quiera, a nada de aquello en que está.

2. Que, por cuanto aquí no sólo se purga el entendimiento de su lumbre y la voluntad de sus afecciones, sino también la memoria de sus discursos y noticias, conviene también aniquilarla acerca de todas ellas, para que se cumpla lo que de sí dice David (Sal. **72**, **22**) en esta purgación, es a saber: Fui yo aniquilado y no supe. El cual no saber se refiere aquí a estas insipiencias y olvidos de la memoria, las cuales enajenaciones y olvidos son causados del interior recogimiento en que esta contemplación absorbe al alma.

Porque, para que el alma quede dispuesta y templada a lo divino con sus potencias para la divina unión de amor, convenía que primero fuese absorta con todas ellas en esta divina y oscura luz espiritual de contemplación, y así fuese abstraída de todas las afecciones y aprensiones de criatura, lo cual singularmente dura según es la intensión. Y así, cuanto esta divina luz embiste más sencilla y pura en el alma, tanto más la oscurece, vacía y aniquila acerca de sus aprensiones y afecciones particulares, así de cosas de arriba como de abajo; y también, cuanto menos sencilla y pura embiste, tanto menos la priva y menos oscura le es. Que es cosa que parece increíble decir que la luz sobrenatural y divina tanto más oscurece al alma cuanto ella tiene más de claridad y pureza; y cuanto menos, le sea menos oscura. Lo cual se entiende bien si consideramos lo que arriba queda probado con la sentencia del Filósofo, conviene a saber; que las cosas sobrenaturales tanto son a nuestro entendimiento más oscuras, cuanto ellas en sí son más claras y manifiestas.

3. Y, para que más claramente se entienda, pondremos aquí una semejanza de la luz natural y común. Vemos que el rayo del sol que entra por la ventana, cuanto más limpio y puro es de átomos, tanto menos claramente se ve, y cuanto más de átomos y motas tiene el aire, tanto parece más claro al ojo. La causa es porque la luz no es la que por sí misma se ve, sino el medio con que se ven las demás cosas que embiste;

y entonces ella, por la reverberación que hace en ellas, también se ve, y si no diese en ellas, ni ellas ni ella se verían; de tal manera que, si el rayo del sol entrase por la ventana de un aposento y pasase por otra de la otra parte por medio del aposento, como no topase en alguna cosa ni hubiese en el aire átomos en que reverberar, no tendría el aposento más luz que antes, ni el rayo se echaría de ver; antes, si bien se mirase, entonces hay más oscuridad por donde está el rayo, porque priva y oscurece algo de la otra luz, y él no se ve, porque, como habemos dicho, no hay objetos visibles en que pueda reverberar.

4. Pues ni más ni menos hace este divino rayo de contemplación en el alma, que, embistiendo en ella con su lumbre divina, excede la natural del alma, y en esto la oscurece y priva de todas las aprensiones y afecciones naturales que antes mediante la luz natural aprehendía: y así, no sólo la deja oscura, sino también vacía según las potencias y apetitos, así espirituales como naturales, y, dejándola así vacía y a oscuras, la purga e ilumina con divina luz espiritual, sin pensar el alma que la tiene, sino que está en tinieblas, como habemos dicho del rayo, que, aunque está en medio del aposento, si está puro y no tiene en qué topar, no se ve. Pero en esta luz espiritual de que está embestida el alma, cuando tiene en qué reverberar, esto es, cuando se ofrece alguna cosa que entender espiritual y de perfección o de imperfección, por mínimo átomo que sea, o juicio de lo que es falso o verdadero, luego lo ve y entiende mucho más claramente que antes que estuviese en estas oscuridades. Y, ni más ni menos conoce la luz que tiene espiritual para conocer con facilidad la imperfección que se le ofrece, así como cuando el rayo que habemos dicho está oscuro en el aposento, aunque él no se ve, si se ofrece pasar por él una mano o cualquiera cosa, luego se ve la mano, y se conoce que estaba allí aquella luz del sol.

5. Donde, por ser esta luz espiritual tan sencilla, pura y general, no afectada ni particularizada a ningún particular inteligible natural ni divino, pues acerca de todas estas aprensiones tiene las potencias del alma vacías y aniquiladas, de aquí es que con grande generalidad y facilidad conoce y penetra el alma cualquiera cosa de arriba o de abajo que se ofrece; que por eso dijo el Apóstol (**1** Cor. **2**, **10**) que el espiritual todas las cosas penetra, hasta los profundos de Dios. Porque de esta sabiduría general y sencilla se entiende lo que por el Sabio (Sab. **7**, **24**) dice el Espíritu Santo, es a saber: Que toca hasta doquiera por su pureza, es a saber, porque no se particulariza a ningún particular inteligible ni afección.

Y ésta es la propiedad del espíritu purgado y aniquilado acerca de todas particulares afecciones e inteligencias, que, en este no gustar nada ni entender nada en particular, morando en su vacío y tiniebla, lo abraza todo con grande disposición, para que se verifique en él lo de san Pablo (**2** Cor. **6**, **10**): Nihil habentes, et omnia possidentes.

Porque tal bienaventuranza se debe a tal pobreza de espíritu.

CAPÍTULO 9

Cómo aunque esta noche oscurece al espíritu, es para ilustrarle y darle luz.

1. Resta, pues, decir aquí que en esta dichosa noche, aunque oscurece el espíritu, no lo hace sino por darle luz todas las cosas; y, aunque lo humilla y pone miserable, no es sino para ensalzarle y levantarle; y, aunque le empobrece y vacía de toda posesión y afección natural, no es sino para que divinamente pueda extender a gozar y gustar de todas las cosas de arriba y de abajo, siendo con libertad de espíritu general en todo.

Porque, así como los elementos para que se comuniquen en todos los compuestos y entes naturales, conviene que con ninguna particularidad de color, olor ni sabor estén afectados, para poder concurrir con todos los sabores, olores y colores, así al espíritu le conviene estar sencillo, puro y desnudo de todas maneras de afecciones naturales, así actuales como habituales, para poder comunicar con libertad con la anchura del espíritu con divina Sabiduría, en que por su limpieza gusta todos los sabores de todas las cosas con cierta eminencia de excelencia. Y sin esta purgación en ninguna manera podrá sentir ni gustar la satisfacción de toda esta abundancia de sabores espirituales; porque una sola afición que tenga o particularidad a que esté el espíritu asido, actual o habitualmente, basta para no sentir ni gustar ni comunicar la delicadeza e íntimo sabor del espíritu de amor, que contiene en sí todos los sabores con gran eminencia.

2. Porque, así como los hijos de Israel, sólo porque les había quedado una sola afición y memoria de las carnes y comidas de Egipto (Ex. **16**, **3**), no podían gustar del delicado pan de ángeles en el desierto, que era el maná, el cual, como dice la divina Escritura (Sab. **16**, **21**), tenía suavidad de todos los gustos y se convertía al gusto que cada uno quería, así no puede llegar a gustar los deleites del espíritu de libertad, según la voluntad desea, el espíritu que todavía estuviere afectado con alguna afición actual o habitual, o con particulares inteligencias o cualquiera otra aprehensión.

La razón de esto es porque las afecciones, sentimientos y aprehensiones del espíritu perfecto, porque son divinas, son de otra suerte y género tan diferente de lo natural y eminente, que, para poseer las unas actual y habitualmente, habitual y actualmente se han de expeler y aniquilar las otras, como hacen dos contrarios, que no pueden estar juntos en un sujeto. Por tanto, conviene mucho y es necesario para que el alma haya de pasar a estas grandezas, que esta noche oscura de contemplación la aniquile y deshaga primero en sus bajezas, poniéndola a oscuras, seca y apretada y vacía; porque la luz que se le ha de dar es una altísima luz divina que excede toda luz natural, que no cabe naturalmente en el entendimiento.

3. Y así, conviene que, para que el entendimiento pueda llegar a unirse con ella y hacerse divino en el estado de perfección, sea primero purgado y aniquilado en su lumbre natural, poniéndole actualmente a oscuras por medio de esta oscura contemplación. La cual tiniebla conviene que le dure tanto cuanto sea menester para expeler y aniquilar el hábito que de mucho tiempo tiene en su manera de entender en sí formado y, en su lugar, quede la ilustración y luz divina. Y así, por cuanto aquella fuerza que tenía de entender antes es natural, de aquí se sigue que las tinieblas que aquí padece son profundas y horribles y muy penosas, porque, como se sienten en la profunda sustancia del espíritu, parecen tinieblas sustanciales.

Ni más ni menos, por cuanto la afección de amor que se le ha de dar en la divina unión de amor es divina, y por eso muy espiritual, sutil y delicada y muy interior, que excede a todo afecto y sentimiento de la voluntad, y todo apetito de ello, conviene que, para que la voluntad pueda venir a sentir y gustar por unión de amor esta divina afección y deleite tan subido, que no cae en la voluntad naturalmente, sea primero purgada y aniquilada en todas sus afecciones y sentimientos, dejándola en seco y en aprieto, tanto cuanto conviene según el hábito que tenía de naturales afecciones, así acerca de lo divino como de lo humano, para que, extenuada y enjuta y bien extricada en el fuego de esta divina contemplación de todo género de demonio, como el corazón del pez de Tobías en las brasas (Tb. **6**, **19**), tenga disposición pura y sencilla y el paladar purgado y sano para sentir los subidos y peregrinos toques del divino amor en que se verá transformada divinamente, expelidas todas las contrariedades actuales y habituales, como decimos, que antes tenía.

4. También porque en la dicha unión, a que la dispone y encamina esta oscura noche, ha de estar el alma llena y dotada de cierta magnificencia gloriosa en la comunicación con Dios, que encierra en sí innumerables bienes de deleites que exceden toda la abundancia que el alma naturalmente puede poseer, porque en tan flaco e impuro natural no la puede recibir, porque, según dice Isaías (**64**, **4**): Ni ojo lo vio, ni oído lo oyó, ni cayó en corazón humano lo que aparejó, etc., conviene que primero sea puesta el alma en vacío y pobreza de espíritu, purgándola de todo arrimo, consuelo y aprensión natural acerca de todo lo de arriba y de abajo, para que, así vacía, esté bien pobre de espíritu y desnuda del hombre viejo para vivir aquella nueva y bienaventurada vida que por medio de esta noche se alcanza, que es el estado de la unión con Dios.

5. Y porque el alma ha de venir a tener un sentido y noticia divina muy generosa y sabrosa acerca de todas las cosas divinas y humanas que no cae en el común sentir y saber natural del alma (que les mirará con ojos tan diferentes que antes, como difiere el espíritu del sentido y lo divino de lo humano), conviénele al espíritu adelgazarse y curtirse acerca del común y natural sentir, poniéndole por medio de esta purgativa contemplación en grande angustia y aprieto, y a la memoria remota de toda amigable y pacífica noticia, con sentido interior y temple de peregrinación y extrañez de todas las cosas, en que le parece que todas son extrañas y de otra manera que solían ser.

Porque en esto va sacando esta noche al espíritu de su ordinario y común sentir de las cosas, para traerle a sentido divino, el cual es extraño y ajeno de toda humana manera. Aquí le parece el alma que anda fuera de sí en penas. Otras veces piensa si es encantamiento el que tiene o embelesamiento, y anda maravillada de las cosas que ve y oye, pareciéndole muy peregrinas y extrañas, siendo las mismas que solía tratar comúnmente; de lo cual es causa el irse ya haciendo remota el alma y ajena del común sentido y noticia acerca de las cosas, para que, aniquilada en éste, quede informada en el divino, que es más de la otra vida que de ésta.

6. Todas estas aflictivas purgaciones del espíritu para reengendrarlo en vida de espíritu por medio de esta divina influencia, las padece el alma, y con estos dolores viene a parir el espíritu de salud, porque se cumpla la sentencia de Isaías (**26**, **17**-**18**), que dice: De tu faz, Señor, concebimos, y estuvimos con dolores de parto, y parimos el espíritu de salud.

Demás de esto, porque por medio de esta noche contemplativa se dispone el alma para venir a la tranquilidad y paz interior, que es tal y tan deleitable que, como dice la Iglesia, excede todo sentido (Fil. **4**, **7**), conviénele al alma que toda la paz primera que, por cuanto estaba envuelta con imperfecciones, no era paz, aunque a la dicha alma le parecía (porque andaba a su sabor, que era paz, paz, dos voces, esto es, que tenía ya adquirida la paz del sentido y del espíritu, según se veía llena de abundancias espirituales) que esta paz del sentido y del espíritu, que, como digo, aún es imperfecta, sea primero purgada en ella y quitada y perturbada de la paz, como lo sentía y lloraba Jeremías en la autoridad que de él alegamos para declarar las calamidades de esta noche pasada, diciendo: Quitada y despedida está mi alma de la paz (Lm. **3**, **17**).

7. Esta es una penosa turbación de muchos recelos, imaginaciones y combates que tiene el alma dentro de sí, en que, con la aprehensión y sentimiento de las miserias en que se ve, sospecha que está perdida y acabados sus bienes para siempre. De aquí es que trae en el espíritu un dolor y gemido tan profundo que le causa fuertes rugidos y bramidos espirituales, pronunciándolos a veces por la boca, y resolviéndose en lágrimas cuando hay fuerza y virtud para poderlo hacer, aunque las menos veces hay este alivio.

David declara muy bien esto, como quien tan bien lo experimentó, en un salmo (**37**, **9**) diciendo: Fui muy afligido y humillado, rugía del gemido de mi corazón. El cual rugido es cosa de gran dolor, porque algunas veces, con la súbita y aguda memoria de estas miserias en que se ve el alma, tanto se levanta y cerca en dolor y pena las afecciones del alma, que no sé cómo se podrá dar a entender sino por la semejanza que el profeta Job (**3**, **24**), estando en el mismo trabajo de él, por estas palabras dice: De la manera que son las avenidas de las aguas, así el rugido mío; porque así como algunas veces las aguas hacen tales avenidas que todo lo anegan y llenan, así este rugido y sentimiento del alma algunas veces crece tanto, que, anegándola y traspasándola toda, llena de angustias y dolores espirituales todos sus afectos profundos y fuerzas sobre todo lo que se puede encarecer.

8. Tal es la obra que en ella hace esta noche encubridora de las esperanzas de la luz del día. Porque a este propósito dice también el profeta Job (**30**, **17**): En la noche es horadada mi boca con dolores, y los que me comen no duermen. Porque aquí por la boca se entiende la voluntad, la cual es traspasada con estos dolores que en despedazar al alma ni cesan ni duermen, porque las dudas y recelos que traspasan al alma así nunca duermen.

9. Profunda es esta guerra y combate, porque la paz que espera ha de ser muy profunda; y el dolor espiritual es íntimo y delgado, porque el amor que ha de poseer ha de ser también muy íntimo y apurado; porque, cuanto más íntima y esmerada ha de ser y quedar la obra, tanto más íntima, esmerada y pura ha de ser la labor, y tanto más fuerte cuando el edificio más firme. Por eso, como dice Job (**30**, **16**, **27**), se está marchitando en sí misma el alma, e hirviendo sus interiores sin alguna esperanza.

Y ni más ni menos, porque el alma ha de venir a poseer y gozar en el estado de perfección, a que por medio de esta purgativa noche camina, a innumerables bienes de dones y virtudes, así según la sustancia del alma como también según las potencias de ella, conviene que primero generalmente se vea y sienta ajena y privada de todos ellos y vacía y pobre de ellos, y le parezca que de ellos está tan lejos, que no se pueda persuadir que jamás ha de venir a ellos, sino que todo bien se le acabó; como también lo da a entender Jeremías en la dicha autoridad (Lm. **3**, **17**), cuando dice: Olvidado estoy de los bienes.

10. Pero veamos ahora cuál sea la causa por que siendo esta luz de contemplación tan suave y amigable para el alma, que no hay más que desear (pues, como arriba queda dicho, es la misma con que se ha de unir el alma y hallar en ella todos los bienes en el estado de la perfección que desea), le cause con su embestimiento a estos principios tan penosos y esquivos efectos como aquí habemos dicho.

11. A esta duda fácilmente se responde diciendo lo que ya en parte habemos dicho, y es que la causa de esto es que no hay de parte de la contemplación e infusión divina cosa que de suyo pueda dar pena, antes mucha suavidad y deleite, como después se dirá, sino que la causa es la flaqueza e imperfección que entonces tiene el alma, y disposiciones que en sí tiene y contrarios para recibirlos; en los cuales embistiendo la dicha lumbre divina, ha de padecer el alma de la manera ya dicha.

CAPÍTULO 10

Explícase de raíz esta purgación por una comparación.

1. De donde, para mayor claridad de lo dicho y de lo que se ha de decir, conviene aquí notar que esta purgativa y amorosa noticia o luz divina que aquí decimos, de la misma manera se ha en el alma, purgándola y disponiéndola para unirla consigo perfectamente, que se ha el fuego en el madero para transformarle en sí. Porque el fuego material, en aplicándose al madero, lo primero que hace es comenzarle a secar, echándole la humedad fuera y haciéndole llorar el agua que en sí tiene; luego le va poniendo negro, oscuro y feo, y aun de mal olor, y, yéndole secando poco a poco, le va sacando a luz y echando afuera todos los accidentes feos y oscuros que tiene contrarios a fuego; y, finalmente, comenzándole a inflamar por de fuera y calentarle, viene a transformarle en sí y ponerle tan hermoso como el mismo fuego. En el cual término ya de parte del madero ninguna pasión hay ni acción propia, salva la gravedad y cantidad más espesa que la del fuego, porque las propiedades del fuego y acciones tiene en sí; porque está seco, y seca; está caliente, y calienta; está claro y esclarece; está ligero mucho más que antes, obrando el fuego en él estas propiedades y efectos.

2. A este mismo modo, pues, habemos de filosofar acerca de este divino fuego de amor de contemplación, que, antes que una y transforme el alma en sí, primero la purga de todos sus accidentes contrarios; hácela salir afuera sus fealdades y pónela negra y oscura, y así parece peor que antes y más fea y abominable que solía. Porque, como esta divina purga anda removiendo todos los malos y viciosos humores, que por estar ellos muy arraigados y asentados en el alma, no los echaba ella de ver, y así no entendía que tenía en sí tanto mal; y ahora, para echarlos fuera y aniquilarlos, se los ponen al ojo, y los ve tan claramente alumbrada por esta oscura luz de divina contemplación (aunque no es peor que antes, ni en sí ni para con Dios), como ve en sí lo que antes no veía, parécele claro que está mal, que no sólo no está para que Dios la vea, mas que está para que la aborrezca, y que ya la tiene aborrecida. De esta comparación podemos ahora entender muchas cosas acerca de lo que vamos diciendo y pensamos decir.

3. Lo primero, podemos entender cómo la misma luz y sabiduría amorosa que se ha de unir y transformar en el alma, es la misma que al principio la purga y dispone; así como el mismo fuego que transforma en sí al madero incorporándose en él, es el que primero le estuvo disponiendo para el mismo efecto.

4. Lo segundo, echaremos de ver cómo estas penalidades no las siente el alma de parte de la dicha sabiduría, pues, como dice el Sabio (Sab. **7**, **11**), todos los bienes juntos le vienen al alma con ella, sino de parte de la flaqueza e imperfección que tiene el alma para no poder recibir sin esta purgación su luz divina, suavidad y deleite (así como el madero, que no puede luego que se le aplica el fuego ser transformado hasta que sea dispuesto), y por eso pena tanto. Lo cual el Eclesiástico (**51**, **29**) aprueba bien, diciendo lo que él padeció para venir a unirse con ella y gozarla, diciendo así: Mi ánima agonizó en ella, y mis entrañas se enturbiaron en adquirirla; por eso poseeré buena posesión.

5. Lo tercero, podemos sacar de aquí de camino la manera de penar de los del purgatorio. Porque el fuego no tendría en ellos poder, aunque se les aplicase, si ellos no tuviesen imperfecciones en qué padecer, que son la materia en que allí puede el fuego; la cual acabada, no hay más que arder; como aquí, acabadas las imperfecciones, se acaba el penar del alma y queda el gozar.

6. Lo cuarto, sacaremos de aquí cómo al modo que se va purgando y purificando por medio de este fuego de amor, se va más inflamando en amor; así como el madero, al modo y paso que se va disponiendo, se va más calentando. Aunque esta inflamación de amor no siempre la siente el alma, sino algunas veces cuando deja de embestir la contemplación tan fuertemente, porque entonces tiene lugar el alma de ver y aun de gozar la labor que se va haciendo, porque se la descubren; porque parece que alzan la mano de la obra y sacan al hierro de la hornaza para que parezca en alguna manera la labor que se va haciendo; y entonces hay lugar para que el alma eche de ver en sí el bien que no veía cuando andaba la obra. Así también, cuando deja de herir la llama en el madero, se da lugar para que se vea bien cuánto haya inflamádole.

7. Lo quinto, sacaremos también de esta comparación lo que arriba queda dicho, conviene a saber, cómo sea verdad que después de estos alivios vuelve el alma a padecer más intensa y delgadamente que antes. Porque, después de aquella muestra, que se hace después que se han purificado las imperfecciones más de afuera, vuelve el fuego de amor a herir en lo que está por consumir y purificar más adentro. En lo cual es más íntimo y sutil y espiritual el padecer del alma, cuanto le va adelgazando las más íntimas y delgadas y espirituales imperfecciones y más arraigadas en lo más adentro. Y esto acaece al modo que en el madero: cuando el fuego va entrando más adentro, va con más fuerza y furor disponiendo a lo más interior para poseerlo.

8. Lo sexto, se sacará también de aquí la causa por que le parece al alma que todo bien se le acabó y que está llena de males, pues otra cosa en este tiempo no la llega sino todo amarguras; así también como al madero, que aire ni otra cosa da en él más que fuego consumidor. Pero, después que se hagan otras muestras como las primeras, gozará más de adentro, porque ya se hizo la purificación más adentro.

9. Lo séptimo, sacaremos que, aunque el alma se goza muy anchamente en estos intervalos (tanto que, como dijimos, a veces le parece que no han de volver más), con todo, cuando han de volver presto, no deja de sentir, si advierte (y a veces ella se hace advertir) una raíz que queda, que no deja tener el gozo cumplido, porque parece que está amenazando para volver a embestir; y cuando es así, presto vuelve. En fin, aquello que está por purgar e ilustrar más adentro, no se puede bien encubrir al alma acerca de lo ya purificado; así como también en el madero lo que más adentro está por ilustrar es bien sensible la diferencia que tiene de lo purgado; y cuando vuelve a embestir más adentro esta purificación no hay que maravillar que leparezca al alma otra vez que todo el bien se le acabó, y que no piense volver más a los bienes, pues que, puesta en pasiones más interiores, todo el bien de afuera se le cegó.

10. Llevando, pues, delante de los ojos esta comparación con la noticia que ya queda dada sobre el primer verso de la primera canción de esta oscura noche y de sus propiedades terribles, será bueno salir de estas cosas tristes del alma y comenzar ya a tratar del fruto de sus lágrimas y de sus propiedades dichosas, que se comienzan a cantar desde este segundo verso:

Con ansias en amores inflamada.

CAPÍTULO 11

Comiénzase a explicar el segundo verso de la primera canción.

Dice cómo el alma, por fruto de estos rigurosos aprietos, se halla con vehemente pasión de amor divino.

1. En el cual verso da a entender el alma el fuego de amor que habemos dicho, que, a manera del fuego material en el madero, se va prendiendo en el alma en esta noche de contemplación penosa.

La cual inflamación, aunque es en cierta manera como la que arriba declaramos que pasaba en la parte sensitiva del alma, es en alguna manera tan diferente de aquélla ésta que ahora dice, como lo es el alma del cuerpo, o la parte espiritual de la sensitiva. Porque ésta es una inflamación de amor en el espíritu en que, en medio de estos oscuros aprietos, se siente estar herida el alma viva y agudamente en fuerte amor divino en cierto sentimiento y barrunto de Dios, aunque sin entender cosa particular, porque, como decimos, el entendimiento está a oscuras.

2. Siéntese aquí el espíritu apasionado en amor mucho, porque esta inflamación espiritual hace pasión de amor; que, por cuanto este amor es infuso, es más pasivo que activo, y así engendra en el alma pasión fuerte de amor. Va teniendo ya este amor algo de unión con Dios, y así participa algo de sus propiedades, las cuales son más acciones de Dios que de la misma alma, las cuales se sujetan en ella pasivamente; aunque el alma lo que aquí hace es dar el consentimiento; mas al calor y fuerza, y temple y pasión de amor o inflamación, como aquí la llama el alma, sólo el amor de Dios que se va uniendo con ella se le pega. El cual amor tanto más lugar y disposición halla con el alma para unirse y herir en ella, cuanto más encerrados, enajenados e inhabilitados le tiene todos los apetitos para gustar de cosa del cielo ni de la tierra.

3. Lo cual en esta oscura purgación, como ya queda dicho, acaece en gran manera, pues tiene Dios tan destetados los gustos y tan recogidos, que no pueden gustar de cosa que ellos quieran. Todo lo cual hace Dios a fin de que, apartándolos y recogiéndolos todos para sí, tenga el alma más fortaleza y habilidad para recibir esta fuerte unión de amor de Dios, que por este medio purgativo le comienza ya a dar, en que el alma ha de amar con gran fuerza de todas las fuerzas y apetitos espirituales y sensitivos del alma: lo cual no podría ser si ellos se derramasen en gustar de otra cosa.

Que, por eso, para poder David recibir la fortaleza del amor de esta unión de Dios, decía a Dios (Sal. **58**, **10**): Mi fortaleza guardaré para ti, esto es, de toda la habilidad y apetitos y fuerzas de mis potencias, no queriendo emplear su operación ni gusto fuera de ti en otra cosa.

4. Según esto, en alguna manera se podría considerar cuánta y cuán fuerte podrá ser esta inflamación de amor en el espíritu, donde Dios tiene recogidas todas las fuerzas, potencias y apetitos del alma, así espirituales como sensitivas, para que toda esta armonía emplee sus fuerzas y virtud en este amor, y así venga a cumplir de veras con el primer precepto, que, no desechando nada del hombre ni excluyendo cosa suya de este amor, dice (Dt. **6**, **5**): Amarás a tu Dios de todo tu corazón, y de toda tu mente, y de toda tu alma, y de todas tus fuerzas.

5. Recogidos aquí, pues, en esta inflamación de amor todos los apetitos y fuerzas del alma, estando ella herida y tocada, según todos ellos, y apasionada, ¿cuáles podremos entender que serán los movimientos y digresiones de todas estas fuerzas y apetitos, viéndose inflamadas y heridas de fuerte amor y sin la posesión y satisfacción de él, en oscuridad y duda?; sin duda, padeciendo hambre, como los canes, que dice David (Sal. **58**, **7**, **15-16**) rodearon la ciudad, y, no se viendo hartos de este amor, quedaron ahullando y gimiendo. Porque el toque de este amor y fuego divino de tal manera seca al espíritu y le enciende tanto los apetitos por satisfacer su sed de este divino amor, que da mil vueltas en sí y se ha de mil modos y maneras a Dios con la codicia y deseo del apetito. David da muy bien a entender esto en un salmo (**62**, **2**), diciendo: Mi alma tuvo sed de ti: ¡cuán de muchas maneras se ha mi carne a ti!, esto es, en deseos. Y otra translación dice: Mi alma tuvo sed de ti, mi alma se pierde o perece por ti.

6. Esta es la causa por que dice el alma en el verso que "con ansias en amores" y no dice: "con ansias en amor inflamada", porque en todas las cosas y pensamientos que en sí revuelve y en todos los negocios y cosas que se le ofrecen ama de muchas maneras, y desea y padece en el deseo también a este modo en muchas maneras en todos los tiempos y lugares, no sosegando en cosa, sintiendo esta ansia en la inflamada herida, según el profeta Job (**7**, **2-4**) lo da a entender, diciendo: Así como el siervo desea la sombra y como el mercenario desea el fin de su obra, así tuve yo los meses vacíos y conté las noches prolijas y trabajosas para mí. Si me recostare a dormir, diré: ¿cuándo me levantaré? Y luego esperaré la tarde, y seré lleno de dolores hasta las tinieblas de la noche.

Hácesele a esta alma todo angosto, no cabe en sí, no cabe en el cielo ni en la tierra, y llénase de dolores hasta las tinieblas que aquí dice Job, hablando espiritualmente y a nuestro propósito: esperar y padecer sin consuelo de cierta esperanza de alguna luz y bien espiritual, como aquí lo padece el alma. De donde el ansia y pena de esta alma en esta inflamación de amor es mayor, por cuanto es multiplicada de dos partes: lo uno, de parte de las tinieblas espirituales en que se ve, que con sus dudas y recelos la afligen; lo otro, de parte del amor de Dios, que la inflama y estimula, que con su herida amorosa ya maravillosamente la atemoriza.

7. Las cuales dos maneras de padecer en semejante sazón da bien a entender Isaías (**26**, **9**), diciendo: Mi alma te deseó en la noche, esto es, en la miseria; y ésta es la una manera de padecer de parte de esta noche oscura. Pero con mi espíritu, dice, en mis entrañas hasta la mañana velaré por ti; y ésta es la segunda manera de penar en deseo y ansia de parte del amor en las entrañas del espíritu, que son las afecciones espirituales.

Pero en medio de estas penas oscuras y amorosas siente el alma cierta compañía y fuerza en su interior, que la acompaña y esfuerza tanto, que, si se le acaba este peso de apretada tiniebla, muchas veces se siente sola, vacía y floja. Y la causa es entonces que, como la fuerza y eficacia del alma era pegada y comunicada pasivamente del fuego tenebroso de amor que en ella embestía, de aquí es que, cesando de embestir en ella, cesa la tiniebla y la fuerza y calor de amor en el alma.

CAPÍTULO 12

Dice cómo esta horrible noche es purgatorio, y cómo en ella ilumina la divina Sabiduría a los hombres en el suelo con la misma iluminación que purga e ilumina a los ángeles en el cielo.

1. Por lo dicho echaremos de ver cómo esta oscura noche de fuego amoroso, así como a oscuras va al alma inflamando. Echaremos de ver también cómo, así como se purgan los espíritus en la otra vida con fuego tenebroso material, en esta vida se purgan y limpian con fuego amoroso tenebroso espiritual; porque ésta es la diferencia: que allá se limpian con fuego, y acá se limpian e iluminan sólo con amor. El cual amor pidió David (Sal. **50**, **12**)) cuando dijo: Cor mundum crea in me, Deus, etc. Porque la limpieza de corazón no es menos que el amor y gracia de Dios; porque los limpios de corazón son llamados por nuestro Salvador bienaventurados (Mt. **5**, **8**), lo cual es tanto como decir "enamorados", pues que la bienaventuranza no se da por menos que amor.

2. Y que se purgue iluminándose el alma con este fuego de sabiduría amorosa (porque nunca da Dios sabiduría mística sin amor, pues el mismo amor la infunde), muéstralo bien Jeremías (Lm. **1**, **13**) donde dice: Envió fuego en mis huesos y enseñóme. Y David (Sal. **111**, **7**) dice que la sabiduría de Dios es plata examinada en fuego, esto es, en fuego purgativo de amor. Porque esta oscura contemplación juntamente infunde en el alma amor y sabiduría, a cada uno según su capacidad y necesidad, alumbrando al alma y purgándola, como dice el Sabio (Ecli. **51**, **25**-**26**) de sus ignorancias, como dice que lo hizo con él.

3. De aquí también inferiremos que purga estas almas y las ilumina la misma Sabiduría de Dios que purga a los ángeles de sus ignorancias, haciéndolos saber, alumbrándolos de lo que no sabían, derivándose desde Dios por las jerarquías primeras hasta las postreras, y de ahí a los hombres. Que, por eso, todas las obras que hacen los ángeles e inspiraciones, se dicen con verdad en la Escritura y propiedad hacerlas Dios y hacerlas ellos; porque de ordinario las deriva por ellos, y ellos también de unos en otros sin alguna dilación, así como el rayo del sol comunicado de muchas vidrieras ordenadas entre sí; que, aunque es verdad que de suyo el rayo pasa por todas, todavía cada una le envía e infunde en la otra más modificado, conforme al modo de aquella vidriera, algo más abreviada y remisamente, según ella está más o menos cerca del sol.

4. De donde se sigue que los superiores espíritus y los de abajo, cuanto más cercanos están a Dios, más purgados están y clarificados con más general purificación; y que los postreros recibirán esta iluminación muy más tenue y remota. De donde se sigue que el hombre, que está el postrero, hasta el cual se viene derivando esta contemplación de Dios amorosa, cuando Dios se la quiere dar, que la ha de recibir a su modo, muy limitada y penosamente.

Porque la luz de Dios que al ángel ilumina, esclareciéndole y suavizándole en amor, por ser puro espíritu, dispuesto para la tal infusión, al hombre, por ser impuro y flaco, naturalmente le ilumina, como arriba queda dicho, oscureciéndole, dándole pena y aprieto, como hace el sol al ojo legañoso y enfermo, y le enamora apasionada y aflictivamente, hasta que este mismo fuego de amor le espiritualice y sutilice, purificándole hasta que con suavidad pueda recibir la unión de esta amada influencia a modo de los ángeles y ya purgado, como después diremos, mediante el Señor.

Pero, en el entretanto, esa contemplación y noticia amorosa recíbela con el aprieto y ansia de amor que decimos aquí.

5. Esta inflamación y ansia de amor no siempre el alma la anda sintiendo; porque a los principios que comienza esta purgación espiritual, todo se le va a este divino fuego más en enjugar y disponer la madera del alma que en calentarla; pero ya, andando el tiempo, cuando ya este fuego va calentando el alma, muy de ordinario siente esta inflamación y calor de amor.

Aquí, como se va más purgando el entendimiento por medio de esta tiniebla, acaece que algunas veces esta mística y amorosa teología, juntamente con inflamar la voluntad, hiere también ilustrando la otra potencia del entendimiento con alguna noticia y lumbre divina, tan sabrosa y delgadamente, que, ayudada de ella, la voluntad se afervora maravillosamente, ardiendo en ella, sin ella hacerse nada, ese divino fuego de amor en vivas llamas, de manera que ya al alma le parece él vivo fuego por causa de la viva inteligencia que se le da. Y de aquí es aquello que dice David en un salmo (**38**, **4**), diciendo: Calentóse mi corazón dentro de mí, y cierto fuego, en tanto que yo entendía, se encendía.

6. Y este entendimiento de amor con unión de estas dos potencias, entendimiento y voluntad, que se unen aquí, es cosa de gran riqueza y deleite para el alma; porque es cierto toque en la Divinidad y ya principios de la perfección de la unión de amor que espera. Y así, a este toque de tan subido sentir y amor de Dios no se llega sino habiendo pasado muchos trabajos y gran parte de la purgación; mas para otros más bajos, que muy ordinariamente acaecen, no es menester tanta purgación.

7. De lo que habemos dicho aquí se colige cómo en estos bienes espirituales, que pasivamente se infunden por Dios en el alma, puede muy bien amar la voluntad sin entender el entendimiento, así como el entendimiento puede entender sin que ame la voluntad; porque, pues esta noche oscura de contemplación consta de luz divina y amor, así como el fuego tiene luz y calor, no es inconveniente que, cuando se comunica esta luz amorosa, algunas veces hiera más en la voluntad, inflamándola con el amor, dejando a oscuras al entendimiento sin herir en él con la luz; y otras, alumbrándole con la luz, dando inteligencia, dejando seca la voluntad, como también acaece poder recibir el calor del fuego sin ver la luz, y también ver la luz sin recibir el calor del fuego, y esto obrándolo el Señor que infunde como quiere.

CAPÍTULO 13

De otros sabrosos efectos que obra en el alma esta oscura noche de contemplación.

1. Por este modo de inflamación podemos entender alguno de los sabrosos efectos que va ya obrando en el alma esta contemplación; porque algunas veces, según acabamos de decir, en medio de estas oscuridades es ilustrada el alma, y luce la luz en las tinieblas (Jn. **1**, **5**), derivándose esta inteligencia mística al entendimiento, quedándose seca la voluntad, quiero decir, sin unión actual de amor, con una serenidad y sencillez tan delgada y deleitable al sentido del alma, que no se le puede poner nombre, unas veces en una manera de sentir de Dios, otras en otra.

2. Algunas veces también hiere juntamente, como queda dicho, en la voluntad, y prende el amor subida, tierna y fuertemente, porque ya decimos que se unen algunas veces estas dos potencias entendimiento y voluntad, cuando se va más purgando el entendimiento; tanto más perfecta y calificadamente cuanto ellas más van; pero, antes de llegar aquí, más común es sentir la voluntad el toque de la inflamación que el entendimiento el de la inteligencia.

3. Pero parece aquí una duda, y es: ¿por qué, pues estas potencias se van purgando a la par, se siente a los principios más comúnmente en la voluntad la inflamación y amor de la contemplación purgativa, que en el entendimiento la inteligencia de ella?

A esto se responde que aquí no hiere derechamente este amor pasivo en la voluntad, porque la voluntad es libre, y esta inflamación de amor más es pasión de amor que acto libre de la voluntad; porque hiere en la sustancia del alma este calor de amor, y así mueve las afecciones pasivamente. Y así, ésta antes se llama pasión de amor que acto libre de la voluntad; el cual, en tanto se llama acto de la voluntad, en cuanto es libre. Pero, porque estas pasiones y afecciones se reducen a la voluntad, por eso se dice que, si el alma está apasionada con alguna afección, lo está la voluntad, y así es la verdad; porque de esta manera se cautiva la voluntad y pierde su libertad, de manera que la lleva tras sí el ímpetu y fuerza de la pasión. Y por eso podemos decir que esta inflamación de amor es en la voluntad, esto es, inflama al apetito de la voluntad; y así, ésta antes se llama, como decimos, pasión de amor que obra libre de la voluntad. Y porque la pasión receptiva del entendimiento sólo puede recibir la inteligencia desnuda y pasivamente (y esto no puede sin estar purgado), por eso, antes que lo esté, siente el alma menos veces el toque de inteligencia que el de la pasión de amor. Porque para esto no es menester que la voluntad esté tan purgada acerca de las pasiones, pues que aún las pasiones la ayudan a sentir amor apasionado.

4. Esta inflamación y sed de amor, por ser ya aquí del espíritu, es diferentísima de la otra que dijimos en la noche del sentido. Porque, aunque aquí el sentido también lleva su parte, porque no deja de participar del trabajo del espíritu, pero la raíz y el vivo de la sed de amor siéntese en la parte superior del alma, esto es, en el espíritu, sintiendo y entendiendo de tal manera lo que siente y la falta que le hace lo que desea, que todo el penar del sentido, aunque sin comparación es mayor que en la primera noche sensitiva, no le tiene en nada, porque en el interior conoce una falta de un gran bien, que con nada ve se puede medir.

5. Pero aquí conviene notar que, aunque a los principios, cuando comienza esta noche espiritual, no se siente esta inflamación de amor, por no haber empezado este fuego de amor a emprender, en lugar de eso da desde luego Dios al alma un amor estimativo tan grande de Dios, que, como habemos dicho, todo lo más que padece y siente en los trabajos de esta noche, es ansia de pensar si tiene perdido a Dios y pensar si está dejada de él. Y así, siempre podremos decir que desde el principio de esta noche va el alma tocada con ansias de amor, ahora de estimación, ahora también de inflamación.

Y vese que la mayor pasión que siente en estos trabajos es este recelo; porque, si entonces se pudiese certificar que no está todo perdido y acabado, sino que aquello que pasa es por mejor, como lo es, y que Dios no está enojado, no se le daría nada de todas aquellas penas, antes se holgaría sabiendo que de ello se sirve Dios. Porque es tan grande el amor de estimación que tiene a Dios, aunque a oscuras sin sentirlo ella, que no sólo eso, sino que se holgaría de morir muchas veces por satisfacerle. Pero cuando ya la llama ha inflamado el alma, juntamente con la estimación que ya tiene de Dios, tal fuerza y brío suele cobrar y ansia con Dios, comunicándose el calor de amor, que, con grande osadía, sin mirar en cosa alguna, ni tener respeto a nada, en la fuerza y embriaguez del amor y deseo, sin mirar lo que hace, haría cosas extrañas e inusitadas por cualquier modo y manera que se le ofrece (por) poder encontrar con el que ama su alma.

6. Esta es la causa por que María Magdalena, con ser tan estimada en sí como antes era, no le hizo al caso la turba de hombres principales y no principales del convite, ni el mirar que no venía bien ni lo parecería ir a llorar y derramar lágrimas entre los convidados (Lc. **7**, **37-38**), a trueque de, sin dilatar una hora esperando otro tiempo y sazón, poder llegar ante aquel de quien estaba ya su alma herida e inflamada. Y ésta es la embriaguez y osadía de amor, que, con saber que su Amado estaba encerrado en el sepulcro con una gran piedra sellada y cercado de soldados -que por que no le hurtasen sus discípulos le guardaban (Mt. **27**, **60-66**)- no le dio lugar para que alguna de estas cosas se le pusiese delante, para que dejara de ir antes del día con los ungüentos para ungirle (Jn. **20**, **1**).

7. Y, finalmente, esta embriaguez y ansia de amor la hizo preguntar al que, creyendo que era el hortelano, le había hurtado del sepulcro, que le dijese, si le había él tomado, dónde le había puesto, para que ella le tomase (Jn. **20**, **15**); no mirando que aquella pregunta, en libre juicio y razón, era disparate, pues que está claro que si el otro lo había hurtado, no se lo había de decir, ni menos se lo había de dejar tomar.

Pero esto tiene la fuerza y vehemencia de amor, que todo le parece posible y todos le parece que andan en lo mismo que anda él; porque no cree que hay otra cosa en que nadie se deba emplear, ni buscar sino a quien ella busca y a quien ella ama, pareciéndole que no hay otra cosa que querer ni en qué se emplear sino aquello, y que también todos andan en aquello. Que, por eso, cuando la Esposa salió a buscar a su amado por las plazas y arrabales, creyendo que los demás andaban en lo mismo, les dijo que, si lo hallasen ellos, le hablasen, diciendo de ella que penaba de su amor (Ct. **5**, **8**). Tal era la fuerza del amor de esta María, que le pareció que, si el hortelano le dijera dónde le había escondido, fuera ella y lo tomara, aunque más le fuera defendido.

8. A este talle, pues, son las ansias de amor que va sintiendo esta alma, cuando ya va aprovechada en esta espiritual purgación.

Porque de noche se levanta, esto es, en estas tinieblas purgativas según las afecciones de la voluntad; y con las ansias y fuerzas que la leona u osa va a buscar sus cachorros cuando se los han quitado y no los halla (**2** Re. **17**, **8**; Os. **13**, **8**), anda herida esta alma a buscar a su Dios, porque, como está en tinieblas, siéntese sin él, estando muriendo de amor por él. Y éste es el amor impaciente, que no puede durar mucho el sujeto sin recibir o morir, según el que tenía Raquel a los hijos cuando dijo a Jacob: Dame hijos; si no, moriré (Gn. **30**, **1**).

9. Pero es aquí de ver cómo el alma, sintiéndose tan miserable y tan indigna de Dios, como hace aquí en estas tinieblas purgativas, tenga tan osada y atrevida fuerza para ir a juntarse con Dios. La causa es que, como ya el amor le va dando fuerza con que le ame de veras, y la propiedad del amor sea quererse unir y juntar e igualar y asimilar a la cosa amada, para perfeccionarse en el bien de amor, de aquí es que, no estando esta alma perfeccionada en amor, por no haber llegado a la unión, la hambre y sed que tiene de lo que le falta, que es la unión, y las fuerzas que ya el amor ha puesto en la voluntad con que le ha hecho apasionada, la haga ser osada y atrevida según la voluntad inflamada, aunque según el entendimiento, por estar a oscuras y no ilustrado, se siente indigno y se conoce miserable.

10. No quiero dejar aquí de decir la causa por que, pues esta luz divina es siempre luz para el alma, no la da, luego que embiste en ella, luz, como lo hace después, antes le causa las tinieblas y trabajos que habemos dicho. Algo estaba ya dicho antes de esto, pero a este particular se responde: que las tinieblas y los demás males que el alma siente cuando esta divina luz embiste, no son tinieblas ni males de la luz, sino de la misma alma, y la luz le alumbra para que las vea. De donde, desde luego le da luz esta divina luz; pero con ella no puede ver el alma primero sino lo que tiene más cerca de sí o, por mejor decir, en sí, que son sus tinieblas o miserias, las cuales ve ya por la misericordia de Dios, y antes no las veía, porque no daba en ella esta luz sobrenatural. Y ésta es la causa por que al principio no siente sino tinieblas y males; mas, después de purgada con el conocimiento y sentimiento de ellos, tendrá ojos para que esta luz la muestre los bienes de la luz divina; expelidas ya todas estas tinieblas e impresiones del alma, ya parece que van pareciendo los provechos y bienes grandes que va consiguiendo el alma en esta dichosa noche de contemplación.

11. Pues por lo dicho queda entendido cómo Dios hace merced aquí al alma de limpiarla y curarla con esta fuerte lejía y amarga purga, según la parte sensitiva y la espiritual, de todas las afecciones y hábitos imperfectos que en sí tenía acerca de lo temporal y de lo natural, sensitivo y especulativo y espiritual, oscureciéndole las potencias interiores y vaciándoselas acerca de todo esto, y apretándole y enjugándole las afecciones sensitivas y espirituales, y debilitándole y adelgazándole las fuerzas naturales del alma acerca de todo ello (lo cual nunca el alma por sí misma pudiera conseguir, como luego diremos) haciéndola Dios desfallecer en esta manera a todo lo que no es Dios naturalmente, para irla vistiendo de nuevo, desnuda y desollada ya ella de su antiguo pellejo. Y así, se le renueva, como al águila, su juventud (Sal. **102**, **5**), quedando vestida del nuevo hombre, que es criado, como dice el Apóstol (Ef. **4**, **24**), según Dios. Lo cual no es otra cosa sino alumbrarle el entendimiento con la lumbre sobrenatural, de manera que de entendimiento humano se haga divino unido con el divino; y, ni más ni menos, informarle la voluntad de amor divino, de manera que ya no sea voluntad menos que divina, no amando menos que divinamente, hecha y unida en uno con la divina voluntad y amor; y la memoria, ni más ni menos: y también las afecciones y apetitos todos mudados y vueltos según Dios divinamente. Y así, esta alma será ya alma del cielo, celestial, y más divina que humana.

Todo lo cual, según se ha ido viendo por lo que habemos dicho, va Dios haciendo y obrando en ella por medio de esta noche, ilustrándola e inflamándola divinamente con ansias de solo Dios, y no de otra cosa alguna. Por lo cual, muy justa y razonablemente añade luego el alma el tercer verso de la canción, que dice:

¡oh dichosa ventura!

CAPÍTULO 14

En que se ponen y explican los tres versos últimos de la primera canción.

1. Esta "dichosa ventura" fue por lo que dice luego en los siguientes versos, diciendo: salí sin ser notada estando ya mi casa sosegada, tomando la metáfora del que, por hacer mejor su hecho, sale de su casa de noche, a oscuras, sosegados ya los de la casa, porque ninguno se lo estorbe.

Porque, como esta alma había de salir a hacer un hecho tan heroico y tan raro, que era unirse con su Amado divino afuera, porque el Amado no se halla sino solo afuera, en la soledad, que por eso la Esposa le deseaba hallar solo, diciendo (Ct. **8**, **1**): ¿Quién te me diese, hermano mío, que te hallase yo solo afuera y se comunicase contigo mi amor?, conviénele al alma enamorada, para conseguir su fin deseado, hacerlo también así, que saliese de noche, adormidos y sosegados todos los domésticos de su casa, esto es, las operaciones bajas y pasiones y apetitos de su alma adormidos y apagados por medio de esta noche, que son la gente de casa, que recordada, siempre estorban el alma estos sus bienes, enemiga de que el alma salga libre a ellos. Porque éstos son los domésticos que dice nuestro Salvador en el Evangelio (Mt. **10**, **36**) que son los enemigos del hombre. Y así convenía que las operaciones de éstos con sus movimientos estén dormidos en esta noche, para que no impidan al alma los bienes sobrenaturales de la unión de amor de Dios, porque durante la viveza y operación de éstos no puede ser; porque toda su obra y movimiento natural antes estorba que ayuda a recibir los bienes espirituales de la unión de amor, por cuanto queda corta toda habilidad natural acerca de los bienes sobrenaturales que Dios por sólo infusión suya pone en el alma pasiva y secretamente, en el silencio. Y así es menester que le tengan todas las potencias y se hayan pasivamente para recibirle, no entremetiendo allí su baja obra y vil inclinación.

2. Pero fue dichosa ventura en esta alma que Dios en esta noche le adormeciese toda la gente doméstica de su casa, esto es, todas las potencias, pasiones, afecciones y apetitos que viven en el alma sensitiva y espiritualmente, para que ella, sin ser notada, esto es, sin ser impedida de estas afecciones, etc., (por quedar ellas adormidas y mortificadas en esta noche, en que las dejaron a oscuras para que no pudiesen notar ni sentir a su modo bajo natural, y así impidiesen al alma el salir de sí y de la casa de la sensualidad) (llegase) a la unión espiritual de perfecto amor de Dios.

3. ¡Oh, cuán dichosa ventura es poder el alma librarse de la casa de la sensualidad! No se puede bien entender si no fuera, a mi ver, el alma que ha gustado de ello; porque verá claro cuán mísera servidumbre era la que tenía y a cuántas miserias estaba sujeta cuando lo estaba a la obra de sus potencias y apetitos y conocerá cómo la vida del espíritu es verdadera libertad y riqueza que trae consigo bienes inestimables, como iremos notando algunos de ellos en las siguientes canciones, en que se verá más claro cuánta razón tenga el alma de cantar por dichosa ventura el paso de esta horrenda noche que arriba queda dicho.

CAPÍTULO 15

Pónese la segunda canción y su declaración.

CANCIÓN **2ª**

A oscuras y segura
por la secreta escala, disfrazada,
¡oh dichosa ventura!,
a oscuras y en celada,
estando ya mi casa sosegada.

DECLARACIÓN

1. Va el alma cantando en esta canción todavía algunas propiedades de la oscuridad de esta noche, repitiendo la buena dicha que le vino con ellas. Dícelas, respondiendo a cierta objeción tácita, diciendo que no se piense que, por haber en esta noche y oscuridad pasado por tanta tormenta de angustias, dudas, recelos y horrores, como se ha dicho, corría por eso más peligro de perderse, porque antes en la oscuridad de esta noche se ganó; porque en ella se libraba y escapaba sutilmente de sus contrarios, que le impedían siempre el paso, porque en la oscuridad de la noche iba mudado el traje y disfrazada con tres libreas y colores que después diremos, y por una escala muy secreta, que ninguno de casa lo sabía, que, como también en su lugar notaremos, es la viva fe, por la cual salió tan encubierta y en celada, para poder bien hacer su hecho, que no podía dejar de ir muy segura, mayormente estando ya en esta noche purgativa los apetitos, afecciones y pasiones, etc., de su ánima adormidos, morticados y apagados, que son los que, estando despiertos y vivos, no se lo consintieron. Síguese, pues, el verso, y dice así:

A oscuras y segura.

CAPÍTULO 16

Pónese el primer verso y explícase cómo, yendo el alma a oscuras, va segura.

1. La oscuridad que aquí dice el alma, ya habemos dicho que es acerca de los apetitos y potencias sensitivas, interiores y espirituales, porque todas se oscurecen de su natural lumbre en esta noche porque, purgándose acerca de ellas, puedan ser ilustradas acerca de lo sobrenatural. Porque los apetitos sensitivos y espirituales están adormecidos y amortiguados sin poder gustar de cosa ni divina ni humana; las afecciones del alma, oprimidas y apretadas, sin poderse mover a ella ni hallar arrimo en nada; la imaginación, atada, sin poder hacer algún discurso de bien; la memoria, acabada; el entendimiento, entenebrecido, sin poder entender cosa, y de aquí también la voluntad seca y apretada, y todas las potencias vacías e inútiles, y, sobre todo esto, una espesa y pesada nube sobre el alma, que la tiene angustiada y ajenada de Dios. De esta manera a oscuras, dice aquí el alma que iba segura.

2. La causa de esto está bien declarada; porque, ordinariamente, el alma nunca yerra sino por sus apetitos o sus gustos, o sus discursos, o sus inteligencias, o sus afecciones; porque de ordinario en éstas excede o falta, o varía o desatina, o da y se inclina en lo que no conviene. De donde, impedidas todas estas operaciones y movimientos, claro está que queda el alma segura de errar en ellos, porque, no sólo se libra de sí, sino también de los otros enemigos, que son mundo y demonio, los cuales apagadas las afecciones y operaciones del alma, no le pueden hacer guerra por otra parte ni de otra manera.

3. De aquí se sigue que, cuanto el alma va más a oscuras y vacía de sus operaciones naturales, va más segura; porque, como dice el profeta (Os. **13**, **9**), la perdición al alma solamente le viene de sí misma, esto es, de sus operaciones y apetitos interiores y sensitivos, y el bien, dice Dios, solamente de mí. Por tanto, impedida ella así de sus males, resta que le vengan luego los bienes de la unión de Dios en sus apetitos y potencias, en que las hará divinas y celestiales. De donde en el tiempo de las tinieblas, si el alma mira en ello, muy bien echará de ver cuán poco se le divierte el apetito y las potencias a cosas inútiles y dañosas, y cuán segura está de vanagloria, soberbia y presunción vana y falso gozo, y de otras muchas cosas. Luego, bien se sigue que, por ir a oscuras, no sólo no va perdida, sino aun muy ganada, pues aquí va ganando las virtudes.

4. Pero a la duda que de aquí nace luego, conviene a saber: que, pues las cosas de Dios de suyo hacen bien al alma y la ganan y aseguran, ¿por qué en esta noche le oscurece Dios los apetitos y potencias también acerca de estas cosas buenas, de manera que tampoco pueda gustar de ellas, ni tratarlas como las demás, y aun en alguna manera menos? Respóndese que entonces conviene que tampoco le quede operación ni gusto acerca de las cosas espirituales, porque tiene las potencias y apetitos impuros y bajos y muy naturales; y así, aunque les den el sabor y trato a estas potencias de las cosas sobrenaturales y divinas, no le podrían recibir sino muy baja y naturalmente, muy a su modo. Porque, como dice el Filósofo, cualquier cosa que se recibe está en el recipiente al modo que lo recibe.

De donde, porque estas naturales potencias no tienen pureza ni fuerza ni caudal para poder recibir y gustar las cosas sobrenaturales al modo de ellas, que es divino, sino sólo al suyo, que es humano y bajo, como habemos dicho, conviene que sean oscurecidas también acerca de esto divino, porque, destetadas y purgadas y aniquiladas en aquello primero, pierdan aquel bajo y humano modo de recibir y obrar, y así vengan a quedar dispuestas y templadas todas estas potencias y apetitos del alma para poder recibir, sentir y gustar lo divino y sobrenatural alta y subidamente, lo cual no puede ser si primero no muere el hombre viejo.

5. De aquí es que todo lo espiritual, si de arriba no viene comunicado del Padre de las lumbres (Sant. **1**, **17**) sobre el albedrío y apetito humano, aunque más se ejercite el gusto y potencias del hombre con Dios y por mucho que les parezca los gustan, no los gustarán divina y espiritualmente, sino humana y naturalmente, como gustan las demás cosas, porque los bienes no van del hombre a Dios, sino vienen de Dios al hombre. Acerca de lo cual, si éste fuera lugar de ello, pudiéramos aquí declarar cómo hay muchas personas que tienen muchos gustos y aficiones y operaciones de sus potencias acerca de Dios o de cosas espirituales, y por ventura pensarán ellos que aquello es sobrenatural y espiritual, y por ventura no son más que actos y apetitos más naturales y humanos, que, como los tienen de las demás cosas, los tienen en el mismo temple de aquellas cosas buenas, por cierta facilidad natural que tienen en mover el apetito y potencias a cualquier cosa.

6. Si por ventura encontráremos ocasión en lo restante, lo trataremos, diciendo algunas señales de cuándo los movimientos y acciones interiores del alma sean sólo naturales, y cuándo sólo espirituales, y cuándo espirituales y naturales acerca del trato con Dios. Basta aquí saber que, para que los actos y movimientos interiores del alma puedan venir a ser movidos por Dios divinamente, primero han de ser oscurecidos y adormidos, asosegados naturalmente acerca de toda su habilidad y operación hasta que desfallezcan.

7. ¡Oh, pues, alma espiritual!, cuando vieres oscurecido tu apetito, tus aficiones secas y apretadas, e inhabilitadas tus potencias para cualquier ejercicio interior, no te penes por eso, antes lo ten a buena dicha; pues que te va Dios librando de ti misma, quitándote de las manos la hacienda; con las cuales, por bien que ellas te anduviesen, no obraras tan cabal, perfecta y seguramente, a causa de la impureza y torpeza de ellas, como ahora que, tomando Dios la mano tuya, te guía a oscuras como a ciego, a donde y por donde tú no sabes, ni jamás con tus ojos y pies, por bien que anduvieran, atinaras a caminar.

8. La causa también por que el alma no sólo va segura, cuando va así a oscuras, sino aún se va más ganando y aprovechando, es porque, comúnmente, cuando el alma va recibiendo mejoría de nuevo y aprovechando, es por donde ella menos entiende, antes muy de ordinario piensa que se va perdiendo, porque, como ella nunca ha experimentado aquella novedad que le hace salir y deslumbrar y desatinar de su primer modo de proceder, antes piensa que se va perdiendo que acertando y ganando, como ve que se pierde acerca de lo que sabía y gustaba, y se ve ir por donde no sabe ni gusta.

Así como el caminante que, para ir a nuevas tierras no sabidas, va por nuevos caminos no sabidos ni experimentados, que camina no guiado por lo que sabía antes, sino en duda y por el dicho de otros.

San Juan De La Cruz

Y claro está que éste no podría venir a nuevas tierras, ni saber más de lo que antes sabía, si no fuera por caminos nuevos nunca sabidos, y dejados los que sabía; ni más ni menos, el que va sabiendo más particularidades en un oficio o arte siempre va a oscuras, no por su saber primero, porque, si aquél no dejase atrás, nunca saldría de él ni aprovecharía en más; así, de la misma manera, cuando el alma va aprovechando más, va a oscuras y no sabiendo. Por tanto, siendo, como habemos dicho, Dios el maestro y guía de este ciego del alma bien puede ella, ya que le ha venido a entender como aquí decimos, con verdad alegrarse y decir: a oscuras y segura.

9. Otra causa también por que en estas tinieblas ha ido el alma segura es porque iba padeciendo; porque el camino de padecer es más seguro y aun más provechoso que el de gozar y hacer: lo uno, porque en el padecer se le añaden fuerzas de Dios, y en el hacer y gozar ejercita el alma sus flaquezas e imperfecciones; y lo otro, porque en el padecer se van ejercitando y ganando las virtudes y purificando el alma y haciendo más sabia y cauta.

10. Pero aquí hay otra más principal causa por que aquí el alma a oscuras va segura, y es de parte de la dicha luz o sabiduría oscura; porque de tal manera la absorbe y embebe en sí esta oscura noche de contemplación y la pone tan cerca de Dios, que la ampara y libra de todo lo que no es Dios. Porque, como está puesta aquí en cura esta alma para que consiga su salud, que es el mismo Dios, ténela Su Majestad en dieta y abstinencia de todas las cosas, estragado el apetito para todas ellas; bien así como para que sane el enfermo, que en su casa es estimado, le tienen tan adentro guardado, que no le dejan tocar del aire ni aun gozar de la luz, ni que sienta las pisadas, ni aun el rumor de los de casa, y la comida muy delicada y muy por tasa, de sustancia más que de sabor.

11. Todas estas propiedades, que todas son de seguridad y guarda del alma, causa en ella esta oscura contemplación, porque ella está puesta más cerca de Dios; porque, cuanto el alma más a él se acerca, más oscuras tinieblas siente y más profunda oscuridad por su flaqueza; así como el que más cerca del sol llegase, más tinieblas y pena le causaría su grande resplandor por la flaqueza e impureza de su ojo. De donde tan inmensa es la luz espiritual de Dios, y tanto excede al entendimiento natural, que, cuando llega más cerca, le ciega y oscurece.

Y ésta es la causa por que en el salmo **17** (v. **12**) dice David que puso Dios por su escondrijo y cubierta las tinieblas, y su tabernáculo en rededor de sí, tenebrosa agua en las nubes del aire. La cual agua tenebrosa en las nubes del aire es la oscura contemplación y sabiduría divina en las almas, como vamos diciendo; la cual ellas van sintiendo como cosa que está cerca de él, como tabernáculo donde él mora, cuando Dios a sí la va más juntando. Y así, lo que en Dios es luz y claridad más alta, es para el hombre tiniebla más oscura, como dice san Pablo (**1** Cor. **2**, **14**) según lo declara luego David en el mismo salmo (**17**, **13**), diciendo: Por causa del resplandor que está en su presencia, salieron nubes y cataratas, conviene a saber, para el entendimiento natural, cuya luz, como dice Isaías en el capítulo **5** (v. **30**), obtenebrata est in caligine eius.

12. ¡Oh mísera suerte de vida, donde con tanto peligro se vive y con tanta dificultad la verdad se conoce, pues lo más claro y verdadero nos es más oscuro y dudoso, y por eso huimos de ello siendo lo que más nos conviene, y lo que más luce y llena nuestro ojo lo abrazamos y vamos tras de ello, siendo lo que peor nos está y lo que a cada paso nos hace dar de ojos! ¡En cuánto peligro y temor vive el hombre, pues la misma lumbre de sus ojos natural, con que se ha de guiar, es la primera que le encandila y engaña para ir a Dios, y, que si ha de acertar a ver por dónde va, tenga necesidad de llevar cerrados los ojos y de ir a oscuras para ir seguro de los enemigos domésticos de su casa, que son sus sentidos y potencias!

13. Bien está, pues, el alma aquí escondida y amparada en esta agua tenebrosa, que está cerca de Dios. Porque, así como al mismo Dios sirve de tabernáculo y morada, le servirá, ni más ni menos, al alma de otro tanto y de amparo perfecto y seguridad, aunque a ella en tinieblas, en que está escondida y amparada de sí misma y de todos los daños de criaturas, como habemos dicho.

Porque de los tales se entiende lo que también David dice en otro salmo (**30**, **21**), diciendo: Esconderlos has en el escondrijo de tu rostro de la turbación de los hombres; ampararlos has en tu tabernáculo de la contradicción de las lenguas, en lo cual se entiende toda manera de amparo. Porque "estar escondidos en el rostro de Dios de la turbación de los hombres" es estar fortalecidos en esta oscura contemplación contra todas las ocasiones que de parte de los hombres les pueden sobrevenir. Y "estar amparados en su tabernáculo de la contradicción de las lenguas" es estar el alma engolfada en esta agua tenebrosa, que es el tabernáculo que habemos dicho de David. Donde, por tener el alma todos los apetitos y afecciones destetados y las potencias oscurecidas, está libre de todas las imperfecciones que contradicen al espíritu, así de su misma carne como de las demás criaturas. De donde esta alma bien puede decir que va a oscuras y segura.

14. Hay también otra causa no menos eficaz que la pasada para acabar bien de entender que esta tal alma va segura a oscuras, y es por la fortaleza que esta oscura, penosa y tenebrosa agua de Dios desde luego pone en el alma. Que, en fin, aunque es tenebrosa, es agua, y por eso no ha de dejar de reficionar y fortalecer al alma en lo que más le conviene, aunque a oscuras y penosamente. Porque, desde luego, ve el alma en sí una verdadera determinación y eficacia de no hacer cosa que entienda ser ofensa

de Dios, ni dejar de hacer lo que parece cosa de su servicio; porque aquel amor oscuro se le pega con un muy vigilante cuidado y solicitud interior de qué hará o dejará por él para contentarle, mirando y dando mil vueltas si ha sido causa de enojarle; y todo esto con mucho más cuidado y solicitud que antes, como arriba queda dicho en lo de las ansias de amor. Porque aquí todos los apetitos y fuerzas y potencias del alma están recogidas de todas las demás cosas, empleando su conato y fuerza sólo en obsequio de su Dios.

De esta manera sale el alma de sí misma y de todas las cosas criadas a la dulce y deleitosa unión de amor de Dios, a oscuras y segura, por la secreta escala disfrazada.

CAPÍTULO 17

Pónese el segundo verso y explícase cómo esta oscura contemplación sea secreta.

1. Tres propiedades conviene declarar acerca de tres vocablos que contiene el presente verso. Las dos, conviene a saber, secreta escala, pertenecen a la noche oscura de contemplación que vamos tratando; la tercera, conviene a saber, disfrazada, pertenece al alma por razón del modo que lleva en esta noche.

Cuanto a lo primero, es de saber que el alma llama aquí en este verso a esta oscura contemplación por donde ella va saliendo a la unión de amor, secreta escala por estas dos propiedades que hay en ella, es a saber, ser secreta y ser escala, y diremos de cada una de por sí.

2. Primeramente llama secreta a esta contemplación tenebrosa, por cuanto, según habemos tocado arriba, ésta es la teología mística, que llaman los teólogos sabiduría secreta, la cual dice Santo Tomás que se comunica e infunde en el alma por amor, lo cual acaece secretamente a oscuras de la obra del entendimiento y de las demás potencias. De donde, por cuanto las dichas potencias no la alcanzan, sino que el Espíritu Santo la infunde y ordena en el alma, como dice la Esposa en los Cantares (**2**, **4**) sin ella saberlo, ni entenderlo cómo sea, se llama secreta. Y, a la verdad, no sólo ella no lo entiende, pero nadie, ni el mismo demonio; por cuanto el Maestro que la enseña está dentro del alma sustancialmente, donde no puede llegar el demonio, ni el sentido natural, ni el entendimiento.

3. Y no sólo por esto se puede llamar secreta, sino también por los efectos que hace en el alma. Porque no solamente en las tinieblas y aprietos de la purgación, cuando esta sabiduría de amor purga el alma, es secreta, para no saber decir de ella el alma nada; mas también después en la iluminación, cuando más a las claras se le comunica esta sabiduría, le es al alma tan secreta para decir y ponerle nombre para decirla, que, demás de que ninguna gana le dé al alma de decirla, no halla modo ni manera ni símil que le cuadre para poder significar inteligencia tan subida y sentimiento espiritual tan delicado. Y así, aunque más gana tuviese de decirlo, y más significaciones trajese, siempre se quedaría secreto y por decir.

Porque, como aquella sabiduría interior es tan sencilla y tan general y espiritual, que no entró al entendimiento envuelta ni paliada con alguna especie o imagen sujeta al sentido, de aquí es que el sentido e imaginativa, como no entró por ellas ni sintieron su traje y color, no saben dar razón ni imaginarla para decir algo de ella, aunque claramente ve que entiende y gusta aquella sabrosa y peregrina sabiduría. Bien así como el que viese una cosa nunca vista, cuyo semejante tampoco jamás vio, que, aunque la entendiese y gustase, no le sabría poner nombre ni decir lo que es, aunque más hiciese, y esto con ser cosa que la percibió con los sentidos; cuánto menos se podrá manifestar lo que no entró por ellos. Porque esto tiene el lenguaje de Dios, que por ser muy íntimo al alma y espiritual, en que excede todo sentido, luego hace cesar y enmudecer toda la armonía y habilidad de los sentidos exteriores e interiores.

4. De lo cual tenemos autoridad y ejemplos juntamente en la divina Escritura. Porque la cortedad del manifestarlo y hablarlo exteriormente mostró Jeremías (**1**,

6), cuando, habiendo Dios hablado con él, no supo qué decir, sino: a, a, a. Y la cortedad interior, esto es, del sentido interior de la imaginación, y juntamente la del exterior acerca de esto, también la manifestó Moisés delante de Dios en la zarza (Ex. **4**, **10**), cuando, no solamente dijo a Dios que después que hablaba con él, no sabía ni acertaba a hablar, pero aun, según se dice en los Actos de los Apóstoles (**7**, **32**), con la imaginación interior no se atrevía a considerar, pareciéndole que la imaginación estaba muy lejos y muda, no sólo para formar algo de aquello que entendía en Dios, pero ni aun capacidad para recibir algo de ello. De donde, por cuanto la sabiduría de esta contemplación es lenguaje de Dios al alma de puro espíritu a espíritu puro, todo lo que es menos que espíritu, como son los sentidos, no lo reciben, y así les es secreto y no lo saben ni pueden decir, ni tienen gana porque no ven cómo.

5. De donde podríamos sacar la causa por que algunas personas que van por este camino, que, por tener almas buenas y temerosas, querrían dar cuenta a quien las rige de lo que tienen, no saben ni pueden. De aquí tienen en decirlo grande repugnancia, mayormente cuando la contemplación es algo más sencilla, que la misma alma apenas la siente; que sólo saben decir que el alma está satisfecha y quieta y contenta, o decir que sienten a Dios y que les va bien, a su parecer; mas no hay decir lo que el alma tiene ni la sacarán más que términos generales semejantes a éstos. Otra cosa es cuando las cosas que el alma tiene son particulares, como visiones, sentimientos, etc., las cuales, como ordinariamente se reciben debajo de alguna especie en que participa el sentido, que entonces debajo de aquella especie se puede, o de otra semejanza, decir.

Pero este poderlo decir ya no es en razón de pura contemplación, porque ésta es indecible, como habemos dicho, y por eso se llama secreta.

6. Y no sólo por eso se llama y es secreta, sino porque también esta sabiduría mística tiene propiedad de esconder al alma en sí.

Porque, demás de lo ordinario, algunas veces de tal manera absorbe al alma y sume en su abismo secreto, que el alma echa de ver claro que está puesta alejadísima y remotísima de toda criatura; de suerte que le parece que la colocan en una profundísima y anchísima soledad, donde no puede llegar alguna humana criatura, como un inmenso desierto que por ninguna parte tiene fin, tanto más deleitoso, sabroso y amoroso, cuanto más profundo, ancho y solo, donde el alma se ve tan secreta cuando se ve sobre toda temporal criatura levantada.

Y tanto levanta entonces y engrandece este abismo de sabiduría al alma, metiéndola en las venas de la ciencia de amor, que le hace conocer no solamente quedar muy baja toda condición de criatura acerca de este supremo saber y sentir divino, sino también echar de ver cuán bajos y cortos y en alguna manera impropios son todos los términos y vocablos con que en esta vida se trata de las cosas divinas, y cómo es imposible, por vía y modo natural, aunque más alta y sabiamente se hable en ellas, poder conocer ni sentir de ellas como ellas son, sin la iluminación de esta mística teología. Y así, viendo el alma en la iluminación de ella esta verdad, de que no se puede alcanzar y menos declarar por términos vulgares y humanos, con razón la llama secreta.

7. Esta propiedad de ser secreta y sobre la capacidad natural esta divina contemplación, tiénela no sólo por ser cosa sobrenatural, sino también es cuanto es vía que guía y lleva al alma a las perfecciones de la unión de Dios; las cuales, como son cosas no sabidas humanamente, hase de caminar a ellas humanamente no sabiendo y divinamente ignorando. Porque, hablando místicamente, como aquí vamos hablando, las cosas y perfecciones divinas no se conocen ni entienden como ellas son cuando las van buscando y ejercitando, sino cuando las tiene halladas y ejercitadas. Porque a este propósito dice el profeta Baruc (**3**, **31**) de esta Sabiduría divina: No hay quien pueda saber, dice, sus vías, ni quien pueda pensar sus sendas. También el profeta real de este camino del alma dice de esta manera, hablando con Dios: Y tus ilustraciones lucieron y alumbraron a la redondez de la tierra, conmovióse y contremió la tierra. En el mar está tu vía, y tus sendas en muchas aguas, y tus pisadas no serán conocidas (Sal. **76**, **19-20**).

8. Todo lo cual, hablando espiritualmente, se entiende al propósito que vamos hablando. Porque "alumbrar las coruscaciones de Dios a la redondez de la tierra" es la ilustración que hace esta divina contemplación en las potencias del alma; y "conmoverse y tremer la tierra" es la purgación penosa que en ella causa; y decir que "la vía y camino de Dios", por donde el alma va a él, "es en el mar, y sus pisadas en muchas aguas y que por eso no serán conocidas" es decir que este camino de ir a Dios es tan secreto y oculto para el sentido del alma como lo es para el del cuerpo el que se lleva por la mar, cuyas sendas y pisadas no se conocen. Que esta propiedad tienen los pasos y pisadas que Dios va dando en las almas que Dios quiere llegar a sí, haciéndolas grandes en la unión de su Sabiduría, que no se conocen. Por lo cual, en el libro de Job (**37**, **16**) se dicen, encareciendo este negocio, estas palabras: ¿Por ventura, dice, has tú conocido las sendas de las nubes grandes o las perfectas ciencias?; entendiendo por esto las vías y caminos por donde Dios va engrandeciendo a las almas y perfeccionándolas en su sabiduría, las cuales son aquí entendidas por las nubes. Queda, pues, que esta contemplación, que va guiando al alma a Dios, es sabiduría secreta.

CAPÍTULO 18

Declárase como esta sabiduría secreta sea también escala.

1. Pero resta ahora ver lo segundo, conviene saber, cómo esta sabiduría secreta sea también escala. Acerca de lo cual es de saber que por muchas razones podemos llamar a esta secreta contemplación escala.

Primeramente, porque así como con la escala se sube y escalan los bienes y tesoros y cosas que hay en las fortalezas, así también por esta secreta contemplación, sin saberse cómo, sube el alma a escalar, conocer y poseer los bienes y tesoros del cielo. Lo cual da bien a entender el real profeta (Sal. **83**, **6-8**), cuando dice: Bienaventurado el que tiene tu favor y ayuda, porque en su corazón este tal puso sus subidas en el valle de lágrimas en el lugar que puso; porque de esta manera el señor de la ley dará bendición, e irán de virtud en virtud como de grado en grado, y será visto el Dios de los dioses en Sión, el cual es el tesoro de la fortaleza de Sión, que es la bienaventuranza.

2. Podemos también llamarla escala porque, así como la escala, esos mismos pasos que tiene para subir, los tiene también para bajar, así también esta secreta contemplación, esas mismas comunicaciones que hace al alma, que la levanta en Dios, la humillan en sí misma. Porque las comunicaciones que verdaderamente son de Dios esta propiedad tienen: que de una vez levantan y humillan al alma; porque en este camino el bajar es subir, y el subir, bajar, pues el que se humilla es ensalzado, y el que se ensalza, humillado (Lc. **14**, **11**). Y, demás de esto de que la virtud de la humildad es grandeza, para ejercitar al alma en ella, suele Dios hacerla subir por esta escala para que baje, y hacerla bajar para que suba, para que así se cumpla lo que dice el Sabio (Pv. **18**, **12**), es a saber: Antes que el alma sea ensalzada, es humillada; y antes que sea humillada, es ensalzada.

3. Lo cual, hablando ahora naturalmente, echará bien de ver el alma que quisiere mirar en ello, y cómo en este camino (dejando aparte lo espiritual que no se siente) echará de ver cuántos altos y bajos padece, y cómo tras la prosperidad que goza, luego se sigue alguna tempestad y trabajo, tanto, que parece que le dieron aquella bonanza para prevenirla y esforzarla para la siguiente penuria, y cómo también, después de la miseria y tormenta, se sigue abundancia y bonanza; de manera que le parece al alma que, para hacerla aquella fiesta, la pusieron primero en aquella vigilia. Y éste es el ordinario estilo y ejercicio del estado de contemplación hasta llegar al estado quieto: que nunca permanece en un estado, sino todo es subir y bajar.

4. Y la causa de esto es que, como el estado de perfección, que consiste en perfecto amor de Dios y desprecio de sí, no puede estar sino con estas dos partes, que es conocimiento de Dios y de sí mismo, de necesidad ha de ser el alma ejercitada primero en el uno y en el otro, dándole ahora a gustar lo uno engrandeciéndola, y haciéndola ahora probar lo otro y humillándola, hasta que, adquiridos los hábitos perfectos, cese ya el subir y bajar, habiendo ya llegado y viéndose con Dios, que está en el fin de esta escala, en quien la escala se arrima y estriba.

Porque esta escala de contemplación, que, como habemos dicho, se deriva de Dios, es figurada por aquella escala que vio Jacob durmiendo, por la cual subían y descendían ángeles de Dios al hombre y del hombre a Dios, el cual estaba estribando en el extremo de la escala (Gn. **28**, **12**). Todo lo cual dice la Escritura divina que pasaba de noche y Jacob dormido para dar a entender cuán secreto y diferente del saber del hombre es este camino y subida para Dios. Lo cual se ve bien, pues que, ordinariamente, lo que en él es de más provecho, que es irse perdiendo y aniquilando a sí mismo, tiene por peor, y lo que menos vale, que es hallar su consuelo y gusto, en que ordinariamente antes pierde que gana, si a eso se hace, tiene por mejor.

5. Pero, hablando ahora algo más sustancialmente de esta escala de contemplación secreta, diremos que la propiedad principal por que aquí se llama escala es porque la contemplación es ciencia de amor, la cual, como habemos dicho, es noticia infusa de Dios amorosa, que juntamente va ilustrando y enamorando el alma, hasta subirla de grado hasta Dios, su Criador, porque sólo el amor es el que une y junta al alma con Dios.

De donde, porque más claro se vea, iremos aquí apuntando los grados de esta divina escala, diciendo con brevedad las señales y efectos de cada uno, para que por allí pueda conjeturar el alma en cual de ellos estará. Y así, los distinguiremos por sus efectos, como hace san Bernardo y santo Tomás; porque conocerlos en sí, por cuanto esta escala de amor es, como habemos dicho, tan secreta que sólo Dios es el que la mide y pondera, no es posible por vía natural.

CAPÍTULO 19

Comienza a explicar los diez grados de la escala mística de amor divino según San Bernardo y Santo Tomás. Pónense los cinco primeros.

1. Decimos, pues, que los grados de esta escala de amor, por donde el alma de uno en otro va subiendo a Dios, son diez.

El primer grado de amor hace enfermar al alma provechosamente.

En este grado de amor habla la Esposa (Ct. **5**, **8**) cuando dice: Conjúroos, hijas de Jerusalén, que, si encontráredes a mi Amado, le digáis que estoy enferma de amores. Pero esta enfermedad no es para muerte, sino para la gloria de Dios, porque en esta enfermedad desfallece el alma al pecado y a todas las cosas que no son Dios, por el mismo Dios, como David (Sal. **142**, **7**) testifica diciendo: Desfalleció mi alma, esto es, acerca de todas las cosas a tu salud. Porque así como el enfermo pierde el apetito y gusto de todos los manjares y muda de color primero, así también en este grado de amor pierde el alma el gusto y apetito de todas las cosas, y muda como amante el color y accidente de la vida pasada. Esta enfermedad no cae en ella el alma si de arriba no le envían el exceso de calor, según se da a entender por este verso de David (Sal. **67**, **10**), que dice: Pluviam voluntariam segregabis, Deus, haereditati tuae, et infirmata est, etc.

Esta enfermedad y desfallecimiento a todas las cosas, que es el principio y primer grado para ir a Dios, bien lo habemos dado a entender arriba, cuando dijimos la aniquilación en que se ve el alma cuando comienza a entrar en esta escala de purgación contemplativa, cuando en ninguna cosa puede hallar gusto, arrimo, ni consuelo, ni asiento. Por lo cual, de este grado luego va comenzando a subir al segundo grado, y es:

2. El segundo grado hace al alma buscar sin cesar. De donde, cuando la Esposa dice que, buscándole de noche en su lecho, cuando según el primer grado de amor estaba desfallecida, y no le halló, dijo (Ct. **3**, **2**): Levantarme he, y buscaré al que ama mi alma.

Lo cual, como decimos, el alma hace sin cesar, como lo aconseja David (Sal. **104**, **4**), diciendo: Buscando siempre la cara de Dios, y, buscándole en todas las cosas, en ninguna repare hasta hallarle, como la Esposa, que, en preguntando por él a las guardas, luego pasó y las dejó (Ct. **3**, **3-4**). María Magdalena ni aun en los ángeles del sepulcro reparó (Jn **20**, **14**).

Aquí, en este grado, tan solícita anda el alma, que en todas las cosas busca al Amado; en todo cuanto piensa, luego piensa en el Amado; en cuanto habla, en cuantos negocios se ofrecen, luego es hablar y tratar del Amado; cuando come, cuando duerme, cuando vela, cuando hace cualquier cosa, todo su cuidado es en el Amado, según arriba queda dicho en las ansias de amor.

Aquí, como va ya el alma convaleciendo y cobrando fuerzas en el amor de este segundo grado, luego comienza a subir al tercero por medio de algún grado de nueva purgación en la noche, como después diremos, el cual hace en el alma los efectos siguientes.

3. El tercer grado dc la escala amorosa es el que hace al alma obrar y la pone calor para no faltar. De esto dice el Real Profeta (Sal. **111**, **1**) que: Bienaventurado el varón que teme al Señor, porque sus mandamientos codicia obrar mucho. Donde, si el temor, por ser hijo del amor, le hace esta obra de codicia, ¿qué hará el mismo amor? En este grado las obras grandes por el Amado tiene por pequeñas, las muchas por pocas, el largo tiempo en que le sirve por corto, por el incendio de amor que ya va ardiendo. Como a Jacob, que, con haberle hecho servir siete años sobre otros siete, le parecían pocos por la grandeza del amor (Gn. **29**, **20**). Pues si el amor con Jacob, con ser de criatura, tanto podía, ¿qué podrá el del Criador cuando en este tercer grado se apodera del alma?

Tiene el alma aquí, por el grande amor que tiene a Dios, grandes lástimas y penas de lo poco que hace por Dios; y, si le fuese lícito deshacerse mil veces por él, estaría consolada. Por eso se tiene por inútil en todo cuanto hace, y le parece vive de balde.

Hácele aquí otro efecto admirable, y es que se tiene por más mala averiguadamente para consigo que todas las otras almas: lo uno, porque le va el amor enseñando lo que merece Dios; y lo otro, porque, como las obras que aquí hace por Dios son muchas, y todas las conoce por faltas e imperfectas, de todas saca confusión y pena, conociendo tan baja manera de obrar por un tan alto Señor.

En este tercer grado, muy lejos va el alma de tener vanagloria o presunción y de condenar a los otros. Estos solícitos efectos causa en el alma, con otros muchos a este talle, este tercer grado; y por eso en él cobra ánimo y fuerzas para subir hasta el cuarto, que es el que sigue.

4. El cuarto grado de esta escala de amor es en el cual se causa en el alma, por razón del Amado, un ordinario sufrir sin fatigarse.

Porque, como dice san Agustín, todas las cosas grandes, graves y pesadas, casi ningunas las hace el amor. En este grado hablaba la Esposa (Ct. **8**, **6**), cuando, deseando ya verse en el último dijo al Esposo: Ponme como señal en tu corazón, como señal en tu brazo; porque la dilección, esto es, el acto y obra de amor, es fuerte como la muerte, y dura emulación y porfía como el infierno. El espíritu aquí tiene tanta fuerza, que tiene tan sujeta a la carne y la tiene tan en poco como el árbol a una de sus hojas. En ninguna manera aquí el alma busca su consuelo ni gusto, ni en Dios ni en otra cosa, ni anda deseando ni pretendiendo pedir mercedes a Dios, porque ve claro que hartas las tiene hechas, y queda todo su cuidado en cómo podrá dar algún gusto a Dios y servirle algo por lo que él merece y de él tiene recibido, aunque fuese muy a su costa. Dice en su corazón y espíritu: ¡Ay, Dios y Señor mío, cuán muchos hay que andan a buscar en ti consuelo y gusto y a que les concedas mercedes y dones, mas los que a ti pretenden dar gusto y darte algo a su costa, pospuesto su particular, son muy pocos. Porque no está la falta, Dios mío, en no nos querer tú hacer mercedes de nuevo, sino en no emplear nosotros las recibidas sólo en tu servicio, para obligarte a que nos las hagas de continuo!

Harto levantado es este grado de amor, porque, como aquí el alma con tan verdadero amor se anda siempre tras Dios con espíritu de padecer por él, dale Su Majestad muchas veces y muy de ordinario el gozar, visitándola en espíritu sabrosa y deleitablemente, porque el inmenso amor del Verbo Cristo no puede sufrir penas de su amante sin acudirle. Lo cual por Jeremías (**2**, **2**) lo afirma él, diciendo: Acordádome he de ti, apiadándome de tu adolescencia y ternura cuando me seguiste en el desierto. Hablando espiritualmente es el desarrimo que aquí interiormente trae el alma de toda criatura, no parando ni quietándose en nada. Este cuarto grado inflama de manera al alma y la enciende tal deseo de Dios, que la hace subir al quinto, el cual es el que se sigue.

5. El quinto grado de la escala de amor hace al alma apetecer y codiciar a Dios impacientemente. En este grado el amante tanta es la vehemencia que tiene por comprehender al Amado y unirse con él, que toda dilación, por mínima que sea, se le hace muy larga, molesta y pesada, y siempre piensa que halla al Amado; y cuando se ve frustrado su deseo, lo cual es casi a cada paso, desfallece en su codicia, según hablando en este grado lo dice el Salmista (Sal. **83**, **2**), diciendo: Codicia y desfallece mi alma a las moradas del Señor.En este grado el amante no puede dejar de ver lo que ama o morir; en el cual Raquel, por la gran codicia que tenía a los hijos, dijo a Jacob su esposo: Dame hijos; si no, yo moriré (Gn. **30**, **1**).

Padecen aquí hambre como canes y cercan y rodean la ciudad de Dios (Sal. **58**, **7**). En este hambriento grado se ceba el alma en amor, porque según la hambre es la hartura. De manera que de aquí puede subir al sexto grado, que hace los efectos que se siguen.

CAPÍTULO 20

Pónense los otros cinco grados de amor.

1. El sexto grado hace correr al alma ligeramente a Dios y dar muchos toques en él, y sin desfallecer corre por la esperanza, que aquí el amor (que) la ha fortificado la hace volar ligero. En el cual grado también dice el profeta Isaías: Los santos que esperan en Dios mudarán la fortaleza, tomarán alas como de águila y volarán y no desfallecerán (Is. **40**, **31**), como hacían en el grado quinto. A este grado pertenece también aquello del salmo (**41**, **2**): Así como el ciervo desea las aguas, mi alma desea a ti, Dios; porque el ciervo en la sed con gran ligereza corre a las aguas. La causa de esta ligereza en amor que tiene el alma en este grado es por estar ya muy dilatada la caridad en ella, por estar aquí el alma poco menos que purificada del todo, como se dice también en el salmo (**58**, **5**), es a saber: Sine iniquitate cucurri; y en otro salmo (**118**, **32**): El camino de tus mandamientos corrí cuando dilataste mi corazón. Y así, de este sexto grado se pone luego en el séptimo, que es el que sigue.

2. El séptimo grado de esta escala hace atrever al alma con vehemencia. Aquí el amor ni se aprovecha del juicio para esperar, ni usa de consejo para se retirar, ni con vergüenza se puede enfrenar, porque el favor, que ya Dios aquí hace al alma, la hace atrever con vehemencia. De donde se sigue lo que dice el Apóstol (**1** Cor. **13**, **7**), y es: La caridad todo lo cree, todo lo espera y todo lo puede. De este grado habló Moisés (Ex. **32**, **31-32**), cuando dijo a Dios que perdonase al pueblo, y, si no, que le borrase a él del libro de la vida en que le había escrito. Estos alcanzan de Dios lo que con gusto le piden. De donde dice David (Sal. **36**, **4**): Deléitate en Dios, y darte ha las peticiones de tu corazón. En este grado se atrevió la Esposa (Ct. **1**, **1**) y dijo: Osculetur me osculo oris sui. A este grado no le es lícito al alma atreverse, si no sintiere el favor interior del cetro del rey inclinado para ella (Est. **6**, **11**), porque por ventura no caiga de los demás grados que hasta allí ha subido, en los cuales siempre se ha de conservar en humildad. De esta osadía y mano, que Dios la da al alma en este séptimo grado para atreverse a Dios con vehemencia de amor, se sigue el octavo, que es hacer ella presa en el Amado y unirse con él, según se sigue.

3. El octavo grado de amor hace al alma asir y apretar sin soltar, según la Esposa dice (Ct. **3**, **4**) en esta manera: Hallé al que ama mi corazón y ánima, y túvele, y no le soltaré. En este grado de unión satisface el alma su deseo, mas no de continuo, porque algunos llegan a poner el pie y luego lo vuelven a quitar; porque si durase, sería cierta gloria en esta vida, y así muy pocos espacios causa el alma en él. Al profeta Daniel (**10**, **11**), por ser varón de deseos, se le mandó de parte de Dios que permaneciese en este grado, diciéndole: Daniel, está sobre tu grado, porque eres varón de deseos. De este grado se sigue el nono, que es ya el de los perfectos, como diremos después, que es el que se sigue.

4. El nono grado de amor hace arder al alma con suavidad. Este grado es el de los perfectos, los cuales arden ya en Dios suavemente, porque este ardor suave y deleitoso les causa el Espíritu Santo por razón de la unión que tienen con Dios. Por esto dice san Gregorio de los Apóstoles que, cuando el Espíritu Santo visiblemente vino sobre ellos, que interiormente ardieron por amor suavemente.

De los bienes y riquezas de Dios que el alma goza en este grado, no se puede hablar; porque, si de ello escribiesen muchos libros, quedaría lo más por decir. Del cual, por esto y porque después diremos alguna cosa, aquí no digo más sino que de éste se sigue el décimo y el último grado de esta escala de amor, que ya no es de esta vida.

5. El décimo y último grado de esta escala secreta de amor hace el alma asimilarse totalmente a Dios, por razón de la clara visión de Dios que luego posee inmediatamente el alma, que, habiendo llegado en esta vida al nono grado, sale de la carne. Porque éstos, pocos que son, por cuanto ya por el amor están purgadísimos, no entran en el purgatario. De donde san Mateo (**5**, **8**), dice: Beati mundo corde, quoniam ipsi Deum videbunt, etc. Y, como decimos, esta visión es la causa de la similitud total del alma con Dios, porque así lo dice san Juan (**1** Jn. **3**, **2**), diciendo: Sabemos que seremos semejantes a él, no porque el alma se hará tan capaz como Dios, porque eso es imposible, sino porque todo lo que ella es se hará semejante a Dios; por lo cual se llamará, y lo será, Dios por participación.

6. Esta es la escala secreta que aquí dice el alma, aunque ya en estos grados de arriba no es muy secreta para el alma, porque mucho se le descubre el amor por los grandes efectos que en ella hace. Mas en este último grado de clara visión, que es lo último de la escala donde estriba Dios, como ya dijimos, ya no hay cosa para el alma encubierta, por razón de la total asimilación; de donde nuestro Salvador (Jn. **16**, **23**) dice: En aquel día ninguna cosa me preguntaréis, etc. Pero hasta este día todavía, aunque el alma más alta vaya, le queda algo encubierto, y tanto cuanto le falta para la asimilación total con la divina esencia.

De esta manera, por esta teología mística y amor secreto, se va el alma saliendo de todas las cosas y de sí misma y subiendo a Dios.

Porque el amor es asimilado al fuego, que siempre sube hacia arriba, con apetito de engolfarse en el centro de su esfera.

CAPÍTULO 21

Declárase esta palabra "disfrazada", y dícense los colores del disfraz del alma en esta noche.

1. Resta, pues, ahora saber, después que habemos declarado las causas por que el alma llamaba a esta contemplación secreta escala, acerca de la tercera palabra del verso, conviene a saber disfrazada, por qué causa también dice el alma que ella salió por esta secreta escala disfrazada.

2. Para inteligencia de esto conviene saber que disfrazarse no es otra cosa que disimularse y encubrirse debajo de otro traje y figura que de suyo tenía: ahora por debajo de aquella forma y traje, mostrar de fuera la voluntad y pretensión que en el corazón tiene para ganar la gracia y voluntad de quien bien quiere; ahora también para encubrirse de sus émulos, y así poder hacer mejor su hecho. Y entonces aquellos trajes y librea toma que más represente y signifique la afección de su corazón, y con que mejor se pueda acerca de los contrarios disimular.

3. El alma, pues, aquí tocada del amor del Esposo Cristo, pretendiendo caerle en gracia y ganarle la voluntad, aquí sale disfrazada con aquel disfraz que más al vivo represente las afecciones de su espíritu y con que más segura vaya de los adversarios suyos y enemigos, que son: demonio, mundo y carne. Y así, la librea que lleva es de tres colores principales, que son blanco, verde y colorado, por los cuales son denotadas las tres virtudes teologales, que son: fe, esperanza y caridad, con las cuales no solamente ganará la gracia y voluntad de su Amado, pero irá muy amparada y segura de sus tres enemigos. Porque la fe es una túnica interior de una blancura tan levantada, que disgrega la vista de todo entendimiento. Y así, yendo el alma vestida de fe, no ve ni atina el demonio a empecerla, porque con la fe va muy amparada, más que con todas las demás virtudes, contra el demonio, que es el más fuerte y astuto enemigo.

4. Que, por eso, san Pedro (**1** Pe. **5**, **9**) no halló otro mayor amparo que ella para librarse de él, cuando dijo: Cui resistite fortes in fide. Y para conseguir la gracia y unión del Amado no puede el alma haber mejor túnica y camisa interior, para fundamento y principio de las demás vestiduras de virtudes, que esta blancura de fe, porque sin ella, como dice el Apóstol (Heb. **11**, **6**), imposible es agradar a Dios, y con ella es imposible dejarle de agradar, pues él mismo dice por el profeta Oseas (**2**, **20**): Desponsabo te mihi in fide. Que es como decir: Si te quieres, alma, unir y desposar conmigo, has de venir interiormente vestida de fe.

5. Esta blancura de fe llevaba el alma en la salida de esta noche oscura, cuando caminando, como habemos dicho arriba, en tinieblas y aprietos interiores, no dándole su entendimiento algún alivio de luz, ni de arriba, pues le parecía el cielo cerrado y Dios escondido, ni de abajo, pues los que la enseñaban no le satisfacían, sufrió con constancia y perseveró, pasando por aquellos trabajos sin desfallecer y faltar al Amado; el cual en los trabajos y tribulaciones prueba la fe de su Esposa, de manera que pueda ella después con verdad decir aquel dicho de David (Sal. **16**, **4**), es a saber: Por las palabras de tus labios yo guardé caminos duros.

6. Luego, sobre esta túnica blanca de fe se sobrepone aquí el alma el segundo color, que es una almilla de verde, por el cual, como dijimos, es significada la virtud de la esperanza; con la cual, cuanto a lo primero, el alma se libra y ampara del segundo enemigo, que es el mundo. Porque esta verdura de esperanza viva en Dios da al alma una tal viveza y animosidad y levantamiento a las cosas de la vida eterna, que, en comparación de lo que allí espera, todo lo del mundo le parece, como es la verdad, seco y lacio y muerto, de ningún valor. Y aquí se despoja y desnuda de todas estas vestiduras y traje del mundo, no poniendo su corazón en nada, ni esperando nada de lo que hay o ha de haber en él, viviendo solamente vestida de esperanza de vida eterna. Por lo cual, teniendo el corazón tan levantado del mundo, no sólo no le puede tocar y asir el corazón, pero ni alcanzarle de vista.

7. Y así, con esta verde librea y disfraz va el alma muy segura de este segundo enemigo del mundo. Porque a la esperanza llama san Pablo (**1** Tes. **5**, **8**) yelmo de salud, que es una arma que ampara toda la cabeza y la cubre de manera que no la queda descubierto sino una visera por donde ver. Y eso tiene la esperanza, que todos los sentidos de la cabeza del alma cubre, de manera que no se engolfan en cosa ninguna del mundo, ni les quede por donde les pueda herir alguna saeta del siglo. Sólo le deja una visera para que el ojo pueda mirar hacia arriba, y no más, que es el oficio que de ordinario hace la esperanza en el alma, que es levantar los ojos a mirar a Dios, como dice David (Sal. **24**, **15**) que hacía en él cuando dijo: Oculi mei semper ad Dominum, no esperando bien ninguno de otra parte, sino, como él mismo en otro salmo (**122**, **2**) dice: Que así como los ojos de la sierva están en las manos de su señora puestos, así los nuestros en Nuestro Señor Dios, hasta que se apiade de nosotros, esperando en él.

8. Por esta causa, (es) esta librea verde, porque siempre está mirando a Dios y no pone los ojos en otra cosa ni se paga sino sólo de él; se agrada tanto el Amado del alma, que es verdad decir que tanto alcanza de él cuanto ella de él espera. Que por eso el Esposo en los Cantares (**4**, **9**) le dice a ella, que en solo el mirar de un ojo le llagó el corazón. Sin esta librea verde de sólo esperanza de Dios no le convenía al alma salir a esta pretensión de amor, porque no alcanzara nada, por cuanto la que mueve y vence es la esperanza porfiada.

9. De esta librea de esperanza va disfrazada el alma por esta oscura y secreta noche que habemos dicho, pues que va tan vacía de toda posesión y arrimo, que no lleva los ojos en otra cosa ni el cuidado si no es en Dios, poniendo en el polvo su boca si por ventura hubiere esperanza, como entonces alegamos de Jeremías (Lm. **3**, **29**).

10. Sobre el blanco y verde, para el remate y perfección de este disfraz y librea, lleva el alma aquí el tercer color, que es una excelente toga colorada, por la cual es denotada la tercera virtud, que es caridad, con la cual no solamente da gracia a las otras dos colores, pero hace levantar tanto al alma de punto, que la pone cerca de Dios tan hermosa y agradable, que se atreve ella a decir: Aunque soy morena, ¡oh hijas de Jerusalén!, soy hermosa; y por eso me ha amado el rey, y metídome en su lecho (Ct. **1**, **4**).

Con esta librea de caridad, que es ya la del amor, que en el Amado hace más amor, no sólo se ampara y encubre el alma del tercer enemigo, que es la carne (porque donde hay verdadero amor de Dios, no entrará amor de sí ni de sus cosas), pero aun hace válidas a las demás virtudes, dándoles vigor y fuerza para amparar al alma, y gracia y donaire para agradar al Amado con ellas, porque sin caridad ninguna virtud es graciosa delante de Dios; porque ésta es la púrpura que se dice en los Cantares (**3**, **10**), sobre que se recuesta Dios, viéndose en el alma. De esta librea colorada va el alma vestida, cuando, como arriba queda declarado en la primera canción, en la noche oscura sale de sí y de todas las cosas criadas, con ansias en amores inflamada, por esta secreta escala de contemplación, a la perfecta unión de amor de Dios, su amada salud.

11. Este, pues, es el disfraz que el alma dice que lleva en la noche de fe por esta secreta escala, y éstas son las tres colores de él; las cuales son una acomodadísima disposición para unirse el alma con Dios según sus tres potencias, que son: entendimiento, memoria y voluntad.

Porque la fe oscurece y vacía al entendimiento de toda su inteligencia y en esto le dispone para unirle con la Sabiduría divina.

Y la esperanza vacía y aparta la memoria de toda la posesión de criatura, porque, como dice san Pablo (Rm. **8**, **24**), la esperanza es de lo que no se posee, y así aparta la memoria de lo que se puede poseer, y pónela en lo que espera. Y por esto la esperanza de Dios sola dispone la memoria puramente para unirla con Dios.

La caridad, ni más ni menos, vacía y aniquila las afecciones y apetitos de la voluntad de cualquiera cosa que no es Dios, y sólo se los pone en él; y así esta virtud dispone esta potencia y la une con Dios por amor. Y así, porque estas virtudes tienen por oficio apartar al alma de todo lo que es menos que Dios, le tienen consiguientemente de juntarla con Dios.

12. Y así, sin caminar a las veras con el traje de estas tres virtudes, es imposible llegar a la perfección de unión con Dios por amor. De donde, para alcanzar el alma lo que pretendía, que era esta amorosa y deleitosa unión con su Amado, muy necesario y conveniente traje y disfraz fue este que tomó aquí el alma. Y también atinársele a vestir y perseverar con él hasta conseguir pretensión y fin tan deseado como era la unión de amor, fue gran ventura, y por eso nos lo dice este verso:

¡Oh dichosa ventura!

CAPÍTULO 22

Explícase el tercer verso de la segunda canción.

1. Bien claro está que le fue dichosa ventura al alma salir con una tal empresa, como ésta su salida fue; en la cual se libró del demonio y del mundo y de su misma sensualidad, como habemos dicho, y, alcanzado la libertad dichosa y deseada de todos, del espíritu, salió de lo bajo a lo alto, de terrestre se hizo celestial, y de humana, divina, viniendo a tener su conversación en los cielos (Fil. **3**, **20**), como acaece en este estado de perfección al alma, como en lo restante se irá diciendo, aunque ya con alguna más brevedad.

2. Porque lo que era de más importancia, y por lo que yo principalmente me puse en esto, que fue declarar esta noche a muchas almas que, pasando por ella, estaban de ella ignorantes, como en el prólogo se dice, está ya medianamente declarado, y dado a entender, aunque harto menos de lo que ello es: cuántos sean los bienes que consigo trae al alma, y cuán dichosa ventura le sea al que por ella va, para que, cuando se espantaren con el horror de tantos trabajos, se animen con la cierta esperanza de tantos y tan aventajados bienes de Dios como en ella se alcanzan.

También, demás de esto, le fue dichosa ventura al alma por lo que dice luego en el verso siguiente, es a saber: A oscuras y en celada.

CAPÍTULO 23

Declárase el cuarto verso. Dice el admirable escondrijo en que es puesta el alma en esta noche, y cómo, aunque el demonio tiene entrada en otros muy altos no en éste.

1. En celada es tanto como decir: escondido o encubierto. Y así, lo que aquí dice el alma, conviene a saber, que a oscuras y en celada salió, es más cumplidamente dar entender la gran seguridad que ha dicho en el primer verso de esta canción que lleva por medio de esta oscura contemplación en el camino de la unión de amor de Dios. Decir, pues, el alma a oscuras y en celada, es decir que, por cuanto iba a oscuras de la manera dicha, iba encubierta y escondida del demonio y de sus cautelas y asechanzas.

2. La causa por que el alma en la oscuridad de esta contemplación va libre y escondida de las asechanzas del demonio, es porque la contemplación infusa, que aquí lleva, se infunde pasiva y secretamente en el alma a excusas de los sentidos y potencias interiores y exteriores de la parte sensitiva. Y de aquí es que no sólo del impedimento, que con su natural flaqueza le pueden ser estas potencias, va escondida y libre, sino también del demonio, el cual, si no es por medio de estas potencias de la parte sensitiva, no puede alcanzar ni conocer lo que hay en el alma, ni lo que en ella pasa. De donde, cuanto la comunicación es más espiritual, interior y remota de los sentidos, tanto menos el demonio alcanza a entenderla.

3. Y así, es mucho lo que importa para la seguridad del alma que el trato interior con Dios sea de manera que sus mismos sentidos de la parte inferior queden a oscuras y ayunos de ello y no lo alcancen: lo uno, porque haya lugar que la comunicación espiritual sea más abundante, no impidiendo la flaqueza de la parte sensitiva la libertad del espíritu; lo otro, porque, como decimos, va más segura, no alcanzando el demonio tan adentro. De donde podemos entender a este propósito aquella autoridad de nuestro Salvador (Mt. **6**, **3**), hablando espiritualmente, conviene a saber: No sepa tu siniestra lo que hace tu diestra, que es como si dijera: Lo que pasa en la parte diestra, que es la superior y espiritual del alma, no lo sepa (la siniestra), esto es, sea de manera que la porción inferior de tu alma, que es la parte sensitiva, no lo alcance; sea sólo secreto entre el espíritu y Dios.

4. Bien es verdad que muchas veces, cuando hay en el alma y pasan estas comunicaciones espirituales muy interiores y secretas, aunque el demonio no alcance cuáles y cómo sean, por la gran pausa y silencio que causan algunas de ellas en los sentidos y potencias de la parte sensitiva, por aquí hecha de ver que las hay y que recibe el alma algún bien. Y entonces, como ve que no puede alcanzar a contradecirlas al fondo del alma, hace cuanto puede por alborotar y turbar la parte sensitiva, que es donde alcanza, ahora con dolores, ahora con horrores y miedos, con intento de desquietar y turbar por este medio a la parte superior y espiritual del alma, acerca de aquel bien que entonces recibe y goza.

Pero muchas veces, cuando la comunicación de la tal contemplación tiene su puro embestimiento en el espíritu y hace fuerza en él, no le aprovecha al demonio su diligencia para desquietarle, antes el alma entonces recibe nuevo provecho y mayor y más segura paz. Porque, en sintiendo la turbadora presencia del enemigo, ¡cosa admirable!, que, sin saber cómo es aquello y sin ella hacer nada de su parte, se entra ella más adentro del fondo interior, sintiendo ella muy bien que se pone en cierto refugio, donde se ve estar más alejada del enemigo y escondida, y allí aumentársele la paz y el gozo que el demonio le pretendía quitar. Y entonces todo aquel temor le cae por defuera, sintiéndolo ella claramente y holgándose de verse tan a lo seguro gozar de aquella quieta paz y sabor del Esposo escondido, que ni mundo ni demonio puede dar ni quitar, sintiendo allí el alma la verdad de lo que la Esposa a este propósito dice en los Cantares (**3**, **7-8**), es a saber: Mirad que al lecho de Salomón cercan sesenta fuertes, etc., por los temores de la noche. Y esta fortaleza y paz siente, aunque muchas veces siente atormentar la carne y los huesos por defuera.

5. Otras veces, cuando la comunicación espiritual no comunica mucho en el espíritu, sino que participa en el sentido, con más facilidad alcanza el demonio a turbar el espíritu y alborotarle por medio del sentido con estos horrores. Y entonces es grande el tormento y pena que causa en el espíritu, y algunas veces más de lo que se puede decir; porque, como va de espíritu a espíritu desnudamente, es intolerable el horror que causa el malo en el bueno, digo en el del ánima, cuando le alcanza su alboroto. Lo cual también da a entender la Esposa en los Cantares (**6**, **10**), cuando dice haberle a ella acaecido así al tiempo que quería descender al interior recogimiento a gozar de estos bienes, diciendo: Descendí al huerto de las nueces para ver las manzanas de los valles y si había florecido la viña; no supe; conturbóme mi alma por las cuadrigas, esto es, por los carros y estruendos de Aminadab, que es el demonio.

6. Otras veces acaece, y esto cuando es por medio del ángel bueno, que algunas veces el demonio echa de ver alguna merced que Dios quiere hacer al alma. Porque las que son por este medio del ángel bueno, ordinariamente permite Dios que las entienda el adversario: lo uno, para que haga contra ellas lo que pudiere según la proporción de la justicia, y así no pueda alegar el demonio de su derecho, diciendo que no le dan lugar para conquistar al alma, como hizo de Job (**1**, **9-11**; **2**, **4-8**); lo cual sería si no dejase Dios lugar a que hubiese cierta paridad en los dos guerreros, conviene a saber, el ángel bueno y el malo, acerca del alma, y así la victoria de cualquiera sea más estimada, y el alma victoriosa y fiel en la tentación sea más premiada.

7. Donde nos conviene notar que ésta es la causa por que, a la misma medida y modo que va Dios llevando al alma y habiéndose con ella, da licencia al demonio para que de esa misma manera se haya él con ella: que, si tiene visiones verdaderas por medio del ángel bueno (que ordinariamente son por este medio, aunque se muestre Cristo, porque él en su misma persona casi nunca parece), también da Dios licencia al ángel malo para que en aquel mismo género se las pueda representar falsas, de manera que, según son de aparentes, el alma que no es cauta fácilmente puede ser engañada, como muchas de esta manera lo han sido. De lo cual hay figura en el Exodo (**7**, **11-12**; **8**, **7**), donde se dice que, todas las señales que hacía Moisés verdaderas, hacían también los mágicos de Faraón aparentes; que, si él sacaba ranas, ellos también las sacaban; si él volvía el agua en sangre, ellos también la volvían.

8. Y no sólo en este género de visiones corporales imita, sino también en las espirituales comunicaciones, cuando son por medio del ángel, alcanzándolas a ver, como decimos, porque, como dice Job (**41**, **25**): Omne sublime videt, imita y se entremete. Aunque en éstas, como son sin forma y figura (porque de razón del espíritu es no tenerla), no las puede él imitar y formar como las otras que debajo de alguna especie o figura se representan. Y así, para impugnarla, al mismo modo que el alma es visitada, represéntala su temor espiritual para impugnar y destruir espiritual con espiritual.

Cuando esto acaece así, al tiempo que el ángel bueno va a comunicar al alma la espiritual contemplación, no puede el alma ponerse tan presto en lo escondido y celada de la contemplación que no sea notada del demonio y la alcance de vista con algún horror y turbación espiritual, a veces harto penosa para el alma.

Entonces algunas veces se puede el alma despedir presto, sin que haya lugar de hacer en ella impresión en el dicho horror del espíritu malo, y se recoge dentro de sí, favorecida para esto de la eficaz merced espiritual que el ángel bueno entonces le hace.

9. Otras veces prevalece el demonio y comprehende al alma la turbación y el horror, lo cual es al alma de mayor pena que ningún tormento de esta vida le podría ser; porque, como esta horrenda comunicación va de espíritu a espíritu, algo desnuda y claramente de todo lo que es cuerpo, es penosa sobre todo sentido; y dura esto algún tanto en el espíritu, no mucho, porque saldría el espíritu de las carnes con la vehemente comunicación del otro espíritu; después queda la memoria que basta para dar gran pena.

10. Todo esto que habemos dicho pasa en el alma pasivamente, sin ser ella parte en hacer y deshacer acerca de ello. Pero es aquí de saber que, cuando el ángel bueno permite al demonio esta ventaja de alcanzar al alma con este espiritual horror, hácelo para purificarla y disponerla con esta vigilia espiritual para alguna gran fiesta y merced espiritual: que le quiere hacer el que nunca mortifica sino para dar vida, ni humilla sino para ensalzar (**1** Re. **2**, **6-7**). Lo cual acaece de allí a poco, que el alma, conforme a la purgación tenebrosa y horrible que padeció, goza de admirable y sabrosa contemplación espiritual, a veces tan subida, que no hay lenguaje para ella; pero sutilizóla mucho el espíritu para poder recibir este bien el antecedente horror del espíritu malo; porque estas visiones espirituales más son de la otra vida que de ésta, y, cuando se ve una, dispone para otra.

11. Lo dicho se entiende acerca de cuando visita Dios al alma por medio del ángel bueno, en lo cual no va ella, según se ha dicho, totalmente tan a oscuras y en celada, que no le alcance algo el enemigo. Pero cuando Dios por sí mismo la visita, entonces se verifica bien el dicho verso, porque totalmente a oscuras y en celada del enemigo recibe las mercedes espirituales de Dios. La causa es porque como Su Majestad mora sustancialmente en el alma, donde ni ángel ni demonio puede llegar a entender lo que pasa, no puede conocer las íntimas y secretas comunicaciones que entre ella y Dios allí pasan. Estas, por cuanto las hace el Señor por sí mismo, totalmente son divinas y soberanas, porque todos son toques sustanciales de divina unión entre el alma y Dios, en uno de los cuales, por ser éste el más alto grado de oración que hay, recibe el alma mayor bien que en todo el resto.

12. Porque éstos son los toques que ella le entró pidiendo en los Cantares (**1**, **1**), diciendo: Osculetur me osculo oris sui, etc. Que por ser cosa que tan a lo justo pasa con Dios, donde el alma con tantas ansias codicia llegar, estima y codicia un toque de esta Divinidad más que todas las demás mercedes que Dios le hace. Por lo cual, después que en los dichos Cantares le había hecho muchas, que ella allí ha contado, no hallándose satisfecha, dice, pidiendo estos toques divinos: ¿Quién te me dará hermano mío, que te hallase yo sola afuera mamando de los pechos de mi madre, porque con la boca de mi alma te besase, y así no me despreciase ni se me atreviese ninguno? (**8**, **1**). Dando a entender por esto que, siendo la comunicación que Dios le hiciese para sí sólo, como vamos diciendo, afuera y a excusa de todas las criaturas, que esto quiere decir "solo y afuera mamando", esto es, enjugando y apagando los pechos de los apetitos y afecciones de la parte sensitiva (lo cual es cuando ya con libertad de espíritu, sin que la parte sensitiva alcance a impedirlo, ni el demonio por medio de ella a contradecirlo, goza el alma en sabor y paz íntima estos bienes), que entonces no se le atrevería el demonio, porque no lo alcanzaría, ni podrá llegar a entender estos divinos toques en la sustancia del alma en la amorosa sustancia de Dios.

13. A este bien ninguno llega si no es por íntima purgación y desnudez y escondrijo espiritual de todo lo que es criatura. Lo cual a oscuras, como largamente habemos dicho atrás y decimos acerca de este verso en celada y escondido; en el cual escondido, como ahora habemos dicho, se va confirmando el alma en la unión con Dios por amor. Y, por eso lo canta ella en el dicho verso, diciendo: a oscuras y en celada.

14. Cuando acaece que aquellas mercedes se le hacen al alma en celada, que es sólo, como habemos dicho, en espíritu, suele en algunas de ellas el alma verse sin saber cómo es aquello, tan apartada y alejada según la parte espiritual y superior de la porción inferior y sensitiva, que conoce en sí dos partes tan distintas entre sí, que le parece no tiene que ver la una con la otra, pareciéndole que está muy remota y apartada de la una. Y la verdad, en cierta manera así lo está; porque según la operación, que entonces es toda espiritual, no comunica en la parte sensitiva. De esta suerte se va haciendo el alma toda espiritual; en estos escondrijos de contemplación unitiva se le acaban por sus términos de quitar las pasiones y apetitos espirituales en mucho grado. Y así, hablando de la porción superior del alma, dice luego este último verso:

Estando ya mi casa sosegada.

CAPÍTULO 24

Acábase de explicar la segunda canción.

1. Lo cual es tanto como decir: estando la porción superior de mi alma ya también, como la inferior, sosegada según sus apetitos y potencias, salí a la divina unión de amor de Dios.

2. Por cuanto de dos maneras por medio de aquella guerra de la oscura noche, como queda dicho, es combatida y purgada el alma, conviene a saber, según la parte sensitiva y la espiritual, con sus sentidos, potencias y pasiones, también de dos maneras, conviene saber, según estas dos partes sensitiva y espiritual, con todas sus potencias y apetitos, viene el alma a conseguir paz y sosiego. Que, por eso, como también queda dicho, repite dos veces este verso, conviene a saber, en esta canción y la pasada, por razón de estas dos porciones del alma, espiritual y sensitiva; las cuales, para poder ella salir a la divina unión de amor, conviene que estén primero reformadas, ordenadas y quietas acerca de lo sensitivo y espiritual conforme al modo del estado de la inocencia que había en Adán. Y así este verso, que en la primera canción es entendido del sosiego de la porción inferior y sensitiva, en esta segunda se entiende particularmente de la superior y espiritual, que por eso le ha repetido dos veces.

3. Este sosiego y quietud de esta casa espiritual viene a conseguir el alma, habitual y perfectamente, según esta condición de vida sufre, por medio de los actos de toques sustanciales de unión que acabamos de decir, y que, en celada y escondida de la turbación del demonio y de los sentidos y pasiones, ha ido recibiendo de la Divinidad, en que el alma se ha ido purificando, como digo, sosegando y fortaleciendo y haciendo estable para poder de asiento recibir la dicha unión, que es el divino desposorio entre el alma y el Hijo de Dios.

El cual, luego que estas dos casas del alma se acaban de sosegar y fortalecer en uno con todos sus domésticos de potencias y apetitos, poniéndolos en sueño y silencio acerca de todas las cosas de arriba y de abajo, inmediatamente esta divina Sabiduría se une en el alma con un nuevo nudo de posesión de amor, y se cumple como ella lo dice en el libro de la Sabiduría (**18**, **14-15**) diciendo: Dum quietum silentium contineret omnia, et nox in suo cursu medium iter haberet, omnipotens sermo tuus, Domine, a regalibus sedibus. Lo mismo da a entender la Esposa en los Cantares, diciendo que después que pasó los que la desnudaron el manto de noche y la llagaron (**5**, **7**), halló al que deseaba su ánima (**3**, **4**).

4. No se puede venir a esta unión sin gran pureza, y esta pureza no se alcanza sin gran desnudez de toda cosa criada y viva mortificación. Lo cual es significado por desnudar el manto a la Esposa y llagarla de noche en la busca y pretensión del Esposo; porque el nuevo manto que pretendía del desposorio no se le podía vestir sin desnudar el viejo. Por tanto, el que rehusare salir en la noche ya dicha a buscar al Amado y ser desnudado de su voluntad y mortificado, sino que en su lecho y acomodamiento le busca, como hacía la Esposa, no llegará a hallarle, como esta alma dice de sí que lo halló, saliendo ya a oscuras y con ansia de amor.

CAPÍTULO 25

En que brevemente se declara la tercera canción.

CANCIÓN 3ª

En la noche dichosa,

en secreto, que nadie me veía,

ni yo miraba cosa,

sin otra luz y guía

sino la que en el corazón ardía.

DECLARACIÓN

1. Continuando todavía el alma la metáfora y semejanza de la noche temporal en esta suya espiritual, va todavía contando y engrandeciendo las buenas propiedades que hay en ella, y que por medio de ella halló y llevó, para que breve y seguramente consiguiese su deseado fin, de las cuales aquí pone tres.

2. La primera, dice, es que en esta dichosa noche de contemplación lleva Dios el alma por tan solitario y secreto modo de contemplación y tan remoto y ajeno del sentido, que cosa ninguna perteneciente a él, ni toque de criatura, alcanza a llegarle al alma, de manera que la estorbase y detuviese en el camino de la unión de amor.

3. La segunda propiedad que dice, es por causa de las tinieblas espirituales de esta noche, en que todas las potencias de la parte superior del alma están a oscuras; no mirando el alma ni pudiendo mirar en nada, no se detiene en nada fuera de Dios para ir a él, por cuanto va libre de los obstáculos de formas y figuras y de las aprehensiones naturales, que son las que suelen empachar el alma para no se unir siempre con el ser de Dios.

4. La tercera es que, aunque ni va arrimada a alguna particular luz interior del entendimiento ni a alguna guía exterior para recibir satisfacción de ella en este alto camino, teniéndola privada de todo esto estas oscuras tinieblas; pero el amor solo que en este tiempo arde, solicitando el corazón por el Amado, es el que guía y mueve al alma entonces, y la hace volar a su Dios por el camino de la soledad, sin ella saber cómo y de qué manera.

Síguese el verso:

En la noche dichosa.

FIN DE LA OBRA